AMBAS AMÉRICAS,

REVISTA DE

EDUCACION, BIBLIOGRAFIA I AGRICULTURA,

BAJO LOS AUSPICIOS

DE

D. F. SARMIENTO.

VOLUMEN 1.

NUEVA YORK
IMPRENTA DE HALLET Y BREEN 58 Y 60 CALLE DE FULTON.
1867.

PENSAMIENTO AMERICANO.

"Cuestan menos las Escuelas que las rebeliones. Un décimo de nuestras rentas empleado cincuenta años ha en la educacion pública, nos habria ahorrado la sangre derramada i los tesoros gastados en la última guerra."

GARFIELD, *Diputado al Congreso de los Estados Unidos.*

"Si medio siglo antes cada uno de nuestros pueblos hubiese tenido propagadores de la educacion, como base de las instituciones libres, no se encontrarian muchos de ellos, de seguro, como al presente, presa de la anarquía."

MÁRCOS PAZ, *Vice-Presidente de la República Arjentina.*

"Cuántas desgracias se hubieran evitado si pueblos i gobiernos hubiesen prestado mas atencion a este primordial objeto (la educacion jeneral)."

MANUEL MONTT, *Ex-Presidente de la República de Chile.*

AMBAS AMÉRICAS.

Con este título aparecerá en Nueva York una Revista trimestral de la cual es programa i comienzo el presente número, difiriéndose la publicacion del segundo i subsiguientes, hasta que a vuelta de los vapores que conducen éste a los puertos del Atlántico i del Pacífico, en la América del habla castellana, veamos si se dá a nuestro proyecto la acojida i apoyo que necesita.

El objeto que nos proponemos tiende a satisfacer necesidades que por premiosas ya debieran haber hallado cumplida satisfaccion, cual es el cultivo de la intelijencia del mayor número, i el desarrollo de la riqueza agrícola, con el ausilio de instrumentos perfeccionados de labor.

El Congreso de los Estados Unidos acaba de crear una Oficina o Departamento Nacional de Educacion, confiando la direccion a uno de sus hombres mas eminentes en la materia. El fin que se proponen, es estender la educacion por todo el territorio de los Estados Unidos, i el medio para alcanzarlo, reunir datos estadísticos i hechos que muestren el estado i progreso de la educacion en cada Estado i Territorio, para que este acopio de documentos sirva de guía i estímulo al pueblo todo de los Estados Unidos para la organizacion i manejo de las escuelas, i la adopcion de los mejores métodos de enseñanza.

Algunos Gobiernos sudamericanos tienen algo organizado que se asemeja a esto, i los demas no tardarán quizá en seguir el ejemplo de todas las naciones civilizadas del mundo, cuya tendencia actual es a mejorar la educacion del pueblo, dándole toda la latitud que demandan las necesidades de la época.

Nótanse en los pueblos civilizados movimientos al parecer espontáneos, parecidos a los que en la naturaleza produce la erupcion a un mismo tiempo de los volcanes de diversos i lejanos paises, cual si una misma causa interna los pusiera en actividad. Cuando el Congreso de los Estados Unidos nacionalizaba la educacion comun, la Lejislatura de Nueva York aumentaba de un tercio sus contribuciones para sosten de las Escuelas, la Francia mandaba erijir once mil nuevas de un golpe, la Italia dos mil, i el Parlamento inglés traia al debate de la Reforma electoral la cuestion de la educacion del pueblo. Una corriente eléctrica quizá conmueve las entrañas de la tierra, cuando los volcanes lanzan a la atmósfera sus columnas de fuego, un movimiento histórico de la raza humana, pone el mismo sentimiento, las mismas palabras acaso, en el corazon i en los labios del hombre de Estado en Norte-América, Inglaterra, Italia i Francia, no obstante las diferencias de sus sistemas de gobierno. Si la América española se mostrase insensible a la comun influencia que traen estos sucesos ¿no se diria que como en aquellos volcanes estintos que el telescopio nos muestra en la luna, la vida está estinguida en estos pueblos, o no pertenecen por la comunidad de ideas i sentimientos a la gran familia cristiana? ¿Habrá la crónica contemporánea de clasificarlos entre los pueblos que, como la Turquía, el Japon, u otros de civilizaciones refractarias quedaran por largo tiempo aun fuera de las influencias del progreso humano? Cuestion es esta a que darán respuesta hechos, que, por su propia evidencia, salen del dominio de los mismos que habrán de presentarlos a la contemplacion del mundo.

Pero aun en el caso de seguir el movimiento, mucho tiempo i dinero costaria a los gobiernos sudamericanos el intento de crearse, cada uno de por sí, sistemas i métodos de que no se encuentran antecedentes ni en la historia, ni en las instituciones de aquellos paises. La publicacion que vamos a emprender puede servir a aquellos de directorio para informarse de los brillantes resultados de la esperiencia, en el pais que marcha al frente de los otros por la eficacia, jeneralidad i buen éxito de sus instituciones de educacion pública.

Cuando Fulton hubo aplicado el vapor a la navegacion, todas las naciones se apresuraron a adoptar el nuevo principio i mecanismo, como la superioridad del fusil de aguja del ejército prusiano ha movido a las naciones europeas a reformar sus armamentos de guerra. Tal es la tarea que en materia de difusion de conocimientos útiles i de progreso intelectual, impone a la América española la necesidad de colocarse a la altura de las otras ; i ello ha de hacerse por los medios directos i conocidos : las escuelas, los libros i el mejoramiento de la agricultura.

Los gobiernos, empero, nada harian de por sí, si la sociedad no les ayudase con su cooperacion eficaz. En los Estados Unidos es el pueblo, i no los gobiernos, quien ha creado la educacion pública : eminentes ciudadanos, asociaciones voluntarias han formado la opinion que sostiene aquella, preparando ademas los sistemas que la hacen eficaz. Las ciudades han impelido al Estado a jeneralizarla i dar al hecho la sancion de la lei. Hoi los Estados donde ya predominan estos principios inducen al Gobierno Nacional a llevarla a los mas remotos, en que todavia no se ha verificado la imprescindible preparacion del ciudadano para las libres instituciones que le rijen.

Todos, pues, i cada uno de los ciudadanos i de los habitantes de la América española estan llamados a dar impulso a la obra cuyos beneficios refluirán sobre todos i cada uno de ellos.

I aun en esto tenemos que volver al ejemplo que nos dan los Estados Unidos. La nacion, la patria del norte-americano está toda, puede decirse, en la ciudad o aldea en que ha nacido o se estableció despues. Washington, la capital, es solo una grande i augusta aldea, que vive de su propia vida municipal, sin absorver la sustancia de los Estados. Si un Presidente muere, el carro funerario aguarda el cadáver a la puerta de la Casa Blanca, para llevarlo al cementerio de la aldea donde aquel nació, o quiso ser enterrado. Cuando el Congreso ordena la impresion de documentos públicos, sobre agricultura, viajes, esploraciones, la edicion se hace a miles de ejemplares para repartirlos entre sus miembros a fin de que estos los envien a sus respectivos Estados i distritos. El Diputado no puede serlo sino por el distrito electoral donde reside, con el objeto de que el vínculo que lo une a su especial ubicacion no se rompa ni se debilite. El Banco, el diario, el correo, el ferrocarril, son atraidos a cada aldea por aquellas fuerzas; i el viajero se asombra al ver en cada punto del territorio el mismo grado de civilizacion, las mismas fábricas, el mismo buen gusto, i aun el lujo i elegancia de los edificios en comarcas recien pobladas, a centenares de leguas de las costas.

Nosotros los sudamericanos tal vez conservamos mucho del espíritu que mató a Roma, con una gran cabeza i un cuerpo enflaquecido. Los bárbaros que se apoderaron de sus dominios, hicieron de su castillo la patria, i de ahí nació para los anglo-sajones, el localismo i el individualismo que aseguraron la libertad con el sistema representativo. I sin embargo, así para el americano del Sur como para el del Norte, la patria, siempre cara al corazon, está donde la suerte se la ha deparado a cada individuo. Allí, grande ciudad o pequeña aldea, existe un mundo, en que puede desplegar toda su actividad. Mejorar la patria es mejorar el individuo, elevarla es levantar mas alto el pedestal que le sirve de base.

No debiera tomarnos de sorpresa el ver en una pequeña ciudad las mejoras en las escuelas, puesto que los niños no han de trasportarse en masa de un lugar a otro distante a aprender a leer. Esto es lo que a cada paso se ve en los Estados Unidos, i en lo que se funda su grandeza, no reconociéndose otro oríjen que el haber el Estado adoptado i apropiádose lo que el individuo i la localidad habian ensayado para su propio bien con buen éxito. El último en la escala, como se ve por la nueva lei, es el gobierno federal que toma de los Estados mas avanzados lo que a los otros falta para hacer universal la educacion.

El movimiento contrario, es decir el nacional, se opera yendo de la circunferencia a los puntos internos. Los partidos estrechan el vínculo nacional, i los grandes periódicos, como el *Times*, *Herald*, *Tribune*, ligan entre sí, como ferrocarriles i canales, todas las ciudades i aldeas, segun los diversos matices de la opinion en otras tantas comunidades de ideas. A mas del diario del lugar, a hora determinada, por toda la estension de la Union, será depuesto a la puerta de cada habitacion el diario de Nueva York, Cincinati o Chicago; i cuando el papel de un periódico ilustrado habria de ocupar varios carros en el tren, entónces la forma misma estereotipada avanza centenares de leguas hácia lo interior del pais, para hacer nuevas ediciones, i avanzar con sus ejemplares a inconmensurables distancias.

Los Estados de la América del Sur carecen de medios para comunicar sus propias ideas de un estremo a otro ; pero el puerto de Nueva York, de donde parten vapores que recorren todas las costas del Atlántico i del Pacífico, ofrece las apetecibles facilidades para establecer puntos de contacto.

La comprensiva idea que el título de AMBAS AMÉRICAS encierra, i el objeto especial de su publicacion, encuentran en Nueva York inspiracion, modelos i viabilidad que en vano buscaríamos en Lóndres, Paris o Madrid. Desde aquí podremos hacer llegar a cada punto de la otra América, un gran pensamiento, con las nociones prácticas i los medios de llevarlo a cabo. Lo que ya ha ensayado con buen éxito la América del Norte, la del Sur tratará de aplicarlo, a fuer de ya probado al crisol de la esperiencia. Por conveniencias recíprocas, una i otra América necesitan ponerse al habla intelectualmente, i establecer vías de comunicacion.

Cuando se echó sobre el torrentoso i ancho Niágara el puente colgante que es hoi asombro de los injenieros, la grande dificultad estaba solo en pasar una maroma de la una a la otra orilla. Despues de ensayados todos los medios, cohetes a la congrève, globos, balas, etc., logróse pasar al fin un hilo. El puente estaba con esto echado. El hilo llevó una cuerda, la cuerda un cable, el cable una cadena. Así intentamos ahora echar un hilo sobre el ancho abismo, que separa a *ámbas Américas*, i si una mano solícita del bien recoje i fija allá el otro cabo, habremos comenzado a construir el robusto cable que debe unir la actividad intelectual de ambos continentes. Establecida la comunicacion, nuestros mensajes irán adquiriendo mayores dimensiones i variedad, i llegaremos a tener, como los Estados Unidos, órganos que satisfagan a todas las necesidades de la vida intelectual i material, tal como nos la imponen los progresos modernos. Seguiríasele entonces, como un desenvolvimiento necesario, la trasmision, por los libros que esos conocimientos encierran, traduciéndolos al castellano, de las ideas que forman hoi, por decirlo así, el caudal comun de la humanidad, i que no por todas partes penetran en la América del Sur, por falta de caminos i ajencias adecuadas.

La *prensa diaria* de Sur América puede prestar inmensos servicios, si favorece este nuestro ensayo. El diario, como que está destinado a vida larga, si no perpétua, necesita sembrar lectores, i allegar libros si quiere ensanchar su esfera, i ejercer mayor influencia. Es el diario la guardia avanzada de los dominios de la intelijencia, como el pueblo constituye sus reservas. Acaso supiéramos cuantos diarios existen en la América del Sur, por la cooperacion que cada uno de ellos nos prestára; pues sólo merced a sus medios de accion local, puede Ambas Américas llegar a manos de cuantos aman el bien, que ellos serán nuestros sostenedores.

El patriotismo sudamericano, escitado por provocaciones esteriores formó asociaciones que encerraban en su seno la juventud briosa i entusiasta de cada uno de los Estados, propendiendo a relacionarse unos con otros. Aplaudimos el espíritu jeneroso que los inspiró, i deseamos, si aun subsisten, presentarles este nuestro humilde proyecto de definitiva, perdurable i pacífica *Union Americana*. ¡ Qué campo tan vasto de accion, qué resultados tan seguros i tanjibles !

Las leyes de Inglaterra prohiben la entrada de granos estranjeros i el pueblo sufre con la dificultad de procurarse alimento barato. La lei se apoya como principio, en la no disputada conveniencia de protejer la agricultura nacional, como hecho en el interés pecuniario de la clase gobernante i poseedora del suelo. Unos cuantos hombres de buena voluntad se proponen dar en tierra con las leyes prohibitivas, probando a los economistas que no *proteje* el que encarece, i a los propietarios que el bienestar de todos, nunca disminuyó la riqueza de los pocos. Diez años la Liga puso en juego todos los medios que la libertad ha puesto en mano del hombre—la prensa, la asociacion, el meeting, el discurso, la peticion, el voto, para hacer triunfar la verdad. Tomaron parte en la Liga cuantos aman el bien. La opinion se hizo carne, mandando sus Representantes al Parlamento, hasta que en dia memorable obtiene mayoría en los votos i un gran ministro, un Pablo que la habia perseguido, se declara su jefe.

Para completar nuestro símil añadiremos que los poetas franceses cuando componen e imprimen una cancioncilla popular, indican el aire de otra antigua en que debe cantarse; i si en efecto espresa un sentimiento del pueblo, al dia siguiente en las calles de Paris, o en las montañas de los Ardennes, los ecos repiten por todas partes la cancioncilla en el consabido aire.

Para formar una fuerte opinion en América que se convierta en hechos i leyes, he aquí el tema que las necesidades i tendencias del siglo suministran : ESCUELAS, LIBROS, AGRICULTURA INTELIJENTE. (*El aire en que debe cantarse esta cancioncilla es el de la Liga contra la lei de los cereales.*) Esta música es conocida en todas partes. Los Bright i los Cobden están, como todos los jérmenes fecundos, esperando la estacion propicia, i esta ha llegado.

Empresa mas fácil tocaria a los americanos que la que cupo a los coligados ingleses. Tienen que probar lo mismo que todos saben, hacer lo que todos quisieran que se hiciere, beneficiar a todos, sin menoscabo del bien de ninguno, emprender la curacion de las dolencias que aflijen a aquella América, sin dolorosas amputaciones, realizar las instituciones mismas que se tienen dadas, i abrir de par en par la puerta a la civilizacion i la riqueza.

Si este llamamiento no fuese respondido, diremos sin quejarnos, que nuestra América no está madura todavía para entrar en la gran familia de los pueblos libres i civilizados, que necesita depurarse veinte años mas al fuego de la guerra civil i la descomposicion, largo purgatorio de los pueblos atrasados.

Acaso los que reputan incurables nuestras llagas no crean en la eficacia de medicamento tan simple ; pero no apelaremos a conjuros i exorcismos que si alucinan a los pobres de espíritu, anuncian ya que ni el mal es conocido, ni se conoce el arte de curarlo.

Adoptando nosotros mismos el espediente propuesto, diremos en conclusion que esta letrilla se dirije a todos los que hablan nuestra lengua en América,

A los pueblos en jeneral, i en particular a las *Asociaciones Americanas* ;

A Municipalidades, Prefectos, Intendentes i Gobernadores de Provincias ;

A Congresos, Ministros i hombres de Estado ;

A los ricos en ciencia o en bienes, i a los poderosos en influencia i valer.

De alguien, de algunos, de todos una palabra de adhesion, de apoyo en el correo próximo; i de la nada, con aquel soplo, surjirá a la vida,

AMBAS AMÉRICAS.

ORACIONES, MENSAJES I DISCURSOS.

—

Bajo este epígrafe se publicarán los mas notables discursos pronunciados en las Cámaras i meetings de una i otra América o Europa, i la parte de Mensajes de los gobiernos que a la educacion se refiera. Damos principio por una de las mas bellas oraciones que se hayan pronunciado este año en las Cámaras de los Estados Unidos :

OFICINA NACIONAL DE EDUCACION

EN LOS ESTADOS UNIDOS.

El 7 de Febrero de 1866 una Asociacion de Superintendentes de Escuelas de varios Estados se reunió en Washington en los bellos edificios de la Escuela de Walack, * con el objeto de elevar una peticion al Congreso a fin de crear una Oficina Nacional de Educacion. No creemos indiferente para la América del Sur añadir que el Ministro arjentino habia sido invitado a tomar parte en este trabajo i que espuso sus ideas ante una comision. Otra sesion de esta Asociacion se reunió en Indianápolis, capital del Estado de Indiana, con la misma invitacion i cooperacion. En el *Diario Americanò de Educacion*, volúmen VI, pájina 177, se encuentra el discurso pronunciado en la primera asamblea por E. White, Superintendente de Escuelas de Ohio, i reproducido en los " Anales de la Educacion de Buenos Aires."

Mas tarde daremos cuenta del discurso inaugural, pronunciado por el Presidente Wickersham, Superintendente de Pensilvania, i autor del *Gobierno i direccion de las Escuelas*, que traduce actualmente D. Clodomiro Quiroga para el uso de los maestros de escuelas sudamericanas.

El objeto de esta segunda reunion era obtener la concurrencia de los Superintendentes i maestros de escuelas del Oeste, que por la distancia no habian podido tomar parte en la reunion de Washington. Varias otras

* Los planos detallados de dicho edificio, fueron remitidos al Gobierno de Buenos Aires para servir de modelo a construcciones de este jénero, no siendo adaptables por su magnitud otros, a la América del Sur.

juntas apoyaron despues con sus resoluciones el pensamiento emanado de fuente tan autorizada como lo es en los Estados Unidos el sentir de los hombres consagrados a promover la causa de la Educacion.

Antes de presentar a nuestros lectores sudamericanos el notable discurso con que Mr. Garfield sostuvo en la Cámara de Diputados el bill o proyecto de lei, creando una *Oficina Nacional de Educacion*, sancionado en la sesion anterior en el Senado, diremos dos palabras sobre la indispensable necesidad de adoptar iguales medidas, acaso con mayor latitud en las varias repúblicas sudamericanas. La carta dirijida por el respetable ciudadano Sr. Espinal al Ministro Plenipotenciario Sr. Brusual, i que nos tomamos la libertad de publicar, muestra dolorosamente la necesidad de una oficina de este jénero. La situacion de Venezuela es la misma que la de los Estados Unidos de Méjico i Colombia, repúblicas de Centro América, Ecuador, Perú i Bolivia. En Chile la Constitucion tenia designado desde 1833 un funcionario análogo al comisionado de educacion que fué nombrado hace pocos años, i cuya accion, sino del todo eficaz, ha producido mucho bien. En el antes Estado de Buenos Aires se presentó a las Cámaras este mismo proyecto de lei de los Estados Unidos, en 1857, creando un Departamento de Escuelas, bajo la direccion de un hombre conocido por su amor a la educacion. Dos años fué rechazada o aplazada la discusion, hasta que sin lei i sin designar funciones, se creó ejecutivamente un Departamento de Escuelas. Los únicos informes detallados i especiales sobre escuelas que se han publicado en la América del Sur son los que llenaron por tres años el objeto de la institucion. Los efectos sobre la opinion i los hechos no fueron menos sensibles. De diez mil niños que asistieron a las escuelas, segun el primer Informe, ascendió la cifra a 17,000 segun el tercero. Una contraprueba de la bondad de la institucion se obtuvo cuando se desvirtuó su eficacia, descendiendo a 13,000 el número de niños, tres años despues. En todo caso, siempre se obtuvo jeneralizar el empeño de construir bellos i capaces edificios de escuelas que continúa en Buenos Aires.

Desgraciadamente en la América del Sur, las mas bellas instituciones pierden de su eficacia, cambiándose en rutinas, sin espíritu, como la direccion pasa a ser simple empleo dado a los que la pretenden con todas las cualidades menos las especiales para desempeñarla.

Creemos remediar este inconveniente suministrando a los que tienen el deber de promover los intereses de la educacion una corriente perenne de ideas, datos, hechos i sujestiones, que impidan la estagnacion a que sin esto propenderian los primeros esfuerzos intentados. Sucede por otra parte, que hombres animados del mejor espíritu, se consagran a ensayar sus propios inventos, cayendo en errores, cuyos malos efectos eran en otras partes conocidos, o concluyendo, como era de temerse, por tomar por ideas propias lo que no es mas que la tradicion de las perversas ideas vijentes en épocas ominosas, i cuyos deplorables efectos estas nuevas instituciones se proponen correjir.

La difusion entre el gran número de los que se interesan en el progreso de la educacion en Sur América de mejores nociones que las que sujieren los antecedentes políticos, sociales o históricos, es necesaria ademas para allanar el camino a la accion de los gobiernos, ineficaz, por bien intencionada que sea, por falta de cooperacion, si no es por resistencias que encuentran en la ejecucion.

DISCURSO DE MR. GARFIELD.

(Al terminarse en la Cámara de Diputados la discusion jeneral sobre el bill, que ya venia sancionado por el Senado, se pidió la cuestion prévia sobre aquel i las enmiendas propuestas, i obtenida que fué, i ordenada la discusion jeneral, el diputado por Ohio, Mr. Garfield habló en los términos siguientes:)

" Era mi intencion esponer detenidamente las razones que han obrado en el ánimo de la Comision especial para recomendar la sancion de este *bill*; pero veo el empeño que muestran algunos señores de que este debate termine, a fin de entrar en el de otros asuntos pendientes i puestos para hoi a la órden del dia. Limitaréme pues a hacer una breve reseña de algunos de los puntos capitales del asunto, dejando a la Cámara su decision. Espero que al mantenerme en los límites que yo mismo me señalo, no se creerá que doi a este asunto menos importancia que a otro alguno de los que llaman la atencion de la Cámara, creyendo por el contrario que no hai ningun otro mas noble, i que afecte de manera mas vital el porvenir de esta nacion.

Antes de todo, llamaré la atencion de esta Cámara sobre la magnitud de los intereses que este bill toca. Solo el intento de averiguar la suma, el monto de los gastos pecuniarios i el número de personas interesadas en nuestras escuelas, muestra la necesidad de una lei tal como la que aquí se propone. He buscado en vano datos estadísticos completos, o dignos de fé que muestren el estado de la educacion en todo el pais.

Los cómputos que he hecho han sido sacados de varias fuentes, i solo aproximativamente pueden tenerse por correctos. Estoi, sin embargo, convencido de que están mui léjos de manifestar la verdad.

Aun por la incompleta e imperfecta estadística de la oficina del censo, aparece que en 1860, habia en los Estados Unidos 115,224 Escuelas comunes, 500,000 empleados de Escuelas, 150,241 Maestros i 5,477,037 alumnos; mostrándose así que mas de seis millones de personas estan en los Estados Unidos directamente interesadas en la obra de la educacion.

No solo cifra tan elevada de personas se ocupa de educacion, sino que el Congreso de los Estados Unidos ha dado cincuenta i tres millones de acres de tierra pública a catorce Estados i territorios para el sosten de las Escuelas. En la antigua ordenanza de 1785, se proveyó que una seccion de municipio, la trijésima sesta parte de todas las tierras públicas de los Estados Unidos, seria reservada i reputada siempre por sagrada, para el sosten de las Escuelas del pais. En la ordenanza de 1787 se declaró que siendo "la relijion, la moralidad i la instruccion necesarias al buen gobierno i a la felicidad de la especie humana, las escuelas i todo medio de educacion habrian de fomentarse en todo tiempo." Calcúlase que por lo menos 50.000,000 de pesos han sido donados por particulares para el sostenimiento de las escuelas. Tenemos tal vez en ellas comprometidos mas intereses pecuniarios, que en otros ramos. Poseemos datos estadísticos que pueden llamarse completos sobre escuelas de solo diez i siete Estados de la Union.

La Biblioteca del Congreso no contiene informes de ningun jénero relativos a los diez i nueve restantes (hoi veinte). En aquellos diez i siete Estados hai 90,835 escuelas, 129,000 maestros i 5,107,285 alumnos, 34,000,000 de pesos destinados por las Lejislaturas para el sostenimiento perpétuo de Escuelas comunes. Apesar de las grandes contribuciones que de ellas exijió una guerra de cinco años, se impusieron aquellos, treinta i cuatro millones para el sostenimiento de las escuelas. En varios de los Estados de la Union mas de un cincuenta por ciento de todas las contribuciones impuestas para objetos de Estado son destinados a sostener las escuelas comunes. I sin embargo, hai quienes muestren impaciencia porque yo deseo consagrar un corto tiempo a la consideracion de este bill.

No molestaré a la Cámara repitiendo ideas que a fuerza de repetidas son ya sobrado familiares a cuantos estan aquí presentes, sobre aquello de que nuestro gobierno tiene por base la intelijencia del pueblo. Deseo por el contrario indicar que jamas en tiempo alguno han estado en mayor actividad todas nuestras fuerzas en materia de educacion. La ignorancia, la estólida ignorancia, no es ya nuestro mas peligroso enemigo. Poca hai ya de esa clase de ignorantes en la poblacion blanca de este pais.

En el antiguo mundo, entre los gobiernos despóticos de Europa, la masa de los desheredados—los parias de la vida política i civil—son en verdad ignorantes, meras masas inertes, movidas i gobernadas por una intelijente i cultivada aristocracia. Una clase no representada i sin esperanza de rehabilitacion en un gobierno, será inevitablemente herida de paralísis intelectual. Los que antes eran nuestros esclavos suministran un triste ejemplo. Pero entre las clases que tienen representacion i voto en el manejo de la cosa pública de un pais, donde todos son iguales ante la lei, i cada hombre es un poder político, qne así puede producir males como causar bienes, hai poca de esa inercia de ignorancia. La alternativa no es tener o no tener educacion, sino esta otra; habrá de ser bien encaminado el poder de los ciudadanos hácia la industria, la libertad i el patriotismo, o bajo la ominosa influencia del mal i de falsas teorías, habrá de emplearlo en retroceder mas i mas i traer la ruina i la anarquía para sí mismo i para su gobierno?

Si no es educado el pueblo en la escuela de la virtud i la integridad, él se educará en la escuela del vicio i de la iniquidad.

Navegamos, pues, sobre una corriente impetuosa que nos arrastra: tenemos que hacer fuerza de vela contra ella, o dejarnos llevar al mas triste fin.

Segun el censo de 1860 habia en los Estados Unidos 1,268,311 habitantes de mas de veinte años de edad que no podian leer ni escribir, i de ellos 879,418 eran, por nacimiento, ciudadanos norte-americanos. Un tercio de millon de individuos llega anualmente a nuestras costas, venidos del viejo mundo, i centenares de ellos no han recibido educacion; añádase a esta espantosa suma cuatro millones de esclavos a quienes el écsito de la guerra ha dado los derechos de ciudadanos.

Tal es, señor Presidente, la inmensa fuerza a que debemos oponer la índole de nuestras instituciones i la luz de la civilizacion. ¿Cómo habremos de hacerlo? El ciudadano americano no tiene mas que una respuesta. Debemos derramar sobre ellos toda la luz que parte de los focos de la instruccion popular; las escuelas públicas. Haremos de ellos ciudadanos patriotas, intelijentes, industriosos, o de lo contrario ellos nos harán descender a su nivel, a nosotros i a nuestros hijos. Así puesta la cuestion, no adquiere a vuestros ojos importancia nacional, reclamando toda la ciencia del estadista para resolverla?

Dijo bien Horacio Mann:

" Que lejisladores i mandatarios son responsables."

" En nuestro pais, i en nuestros tiempos hombre alguno es digno del honorífico dictado de estadista, si en todos sus planes de administracion no entra el dar al pueblo la mayor educacion posible."

" Puede en buena hora poseer elocuencia, tener conocimiento de toda la historia, de la diplomacia i de la jurisprudencia, i por estas dotes reclamar, en otros paises, el elevado rango de estadista; pero a menos que sus discursos, planes, trabajos en todos tiempos i en todos lugares no se encaminen a dar mayor cultura i luces a todo el pueblo, nunca llegará a ser un estadista americano."

Los señores que tienen que discutir este asunto hoi, nos dicen que impondrá nuevos gastos al gobierno. Los costos de una empresa es una cuestion enteramente relativa, que ha de determinarse por la importancia del objeto que se tiene en mira.

Veamos ahora lo que, como nacion, hemos hecho en materia de gastos. En 1832 organizamos una oficina de medidas de costas, i hemos gastado millones en la obra. Sus injenieros han triangulado miles de millas, sondeado todas nuestras bahias i radas, e inscrito prolijamente en mapas los escollos i bajos, estableciendo líneas desde nuestras costas en el Atlántico, hasta el límite estremo al Norte del Pacífico. Ochocientas estaciones han sido creadas para observar las fluctuaciones de las mareas. Enormes sumas hemos gastado con el objeto de conocer perfectamente la topografía de nuestras costas, lagos i rios, a fin de hacer mas segura la navegacion, i miraremos como de poca monta esplorar los límites de aquel asombroso imperio intelectual que encierra dentro de sus límites la suerte de las venideras jeneraciones i de esta república? Los niños de hoi van a ser los arquitectos del destino de nuestro pais en 1900!

Hemos establecido un Observatorio Astronómico, desde donde se acechan los movimientos de las estrellas, para calcular la lonjitud, i arreglar los cronómetros en pró de la navegacion. Por este Observatorio pagamos la tercera parte de un millon al año. ¿Nada importa observar aquellas otras estrellas, que serán en lo futuro las que habrán de guiarnos en nuestra marcha nacional?

Hemos establecido un Consejo de faros que goza de todas las ventajas de la ciencia, para descubrir los mejores sistemas de arreglar señales en nuestras costas, colocando ademas boyas que trazan a las naves camino seguro hácia nuestras radas. ¿I no habremos de crear un Consejo de Faros, para establecer señales para la próxima jeneracion, no ya como luces para los ojos, sino para la mente i el corazon, a fin de guiarse en el peligroso sendero de la vida, i habilitarlos a trasmitir a los pósteros las bendiciones de la libertad?

No hemos puesto en planta una veintena de espediciones, para esplorar las montañas i los valles, los lagos i los rios de este i de otros paises? Hemos gastado sumas inmensas para esplorar el Amazonas, el Jordan, el Rio de la Plata i Chile, las doradas costas del Colorado, i las cupríferas montañas del Lago Superior, en reunir i publicar grandes hechos científicos, en poner de manifiesto los recursos materiales de la naturaleza física. I rehusais la miserable suma de 13,000 pesos para colectar i rejistrar los recursos intelectuales de este pais, los elementos que encierra toda riqueza material, i hacen de ella una ventaja o una maldicion?

Hemos pagado tres cuartos de un millon por levantar planos para el trazado de un ferrocarril al Pacífico, i publicado con grande costo en trece volúmenes en fólio el resultado, con mapas i grabados. El dinero fué invertido sin reserva; i ahora que se propone destinar 13,000 pesos para favorecer el desenvolvimiento de la intelijencia de los que habrán de servirse de aquella ruta continental cuando esté terminada, se nos hacen presentes nuestras deudas, i se nos amonesta sobre el esceso de gastos? En verdad que es difícil cosa tratar objeciones tales con el respeto debido a este templo de las leyes.

Hemos establecido una Oficina de Patentes, donde se acumulan anualmente millares de modelos de las nuevas máquinas inventadas por nuestro pueblo. ¿Ningun gasto habrá de hacerse en beneficio de la intelijencia que produjo el invento i que ha de dirijirlo? Todos vuestros favores serán para la máquina i nada para el inventor de máquinas? No seré yo quien haga a la Cámara el insulto de creer que espera a que le pruebe que el dinero empleado en la educacion es la mas económica de todas las inversiones; que es mas barato disminuir el crímen que agrandar las cárceles; que las escuelas son mas baratas que las rebeliones. Un décimo de nuestras rentas empleado anualmente cincuenta años hace en la educacion pública nos habria ahorrado la sai gre derramada i tesoros gastados en la última guerra. Una suma mucho menor bastará para salvar a nuestros hijos de igual calamidad.

Centenares de miles gastamos anualmente en promover los intereses agrícolas del pais, en introducir los mejores métodos en todo lo que pertenece a la vida rural. Nada haremos por el labrador futuro, de lo que hacemos por el labrador presente ?

Así como el hombre es algo mas precioso que la tierra, como el espíritu inmortal es mas noble que la arcilla que él anima, así el objeto de este bill es mas importante que cualquier otro interés pecuniario.

La índole de nuestro gobierno no nos permite establecer un sistema compulsorio de educacion, como se ha hecho en varios paises de Europa. Hai sin embargo, Estados en esta Union que han adoptado el sistema compulsorio, i acaso han hecho bien; pero toca a cada Estado el determinarlo. No ha mucho que un distinguido ciudadano de Rhode Island me dijo que en su Estado todo niño por la lei está obligado a asistir a la escuela, i que las autoridades tienen derecho a apoderarse de todo niño que se encuentre en estado de vagancia para educarlo. Convendria a los otros Estados adoptar esta medida. Haya o no derecho para hacer forzosa la educacion, nada de esto se propone en el bill que estamos discutiendo.

Proponemos sí, usar de aquel poder tan eficaz en este pais, de derramar luz sobre un asunto, i someterlo al fallo de la opinion pública. Si desde este Capitolio hacemos público anualmente, en cada distrito de Escuelas de los Estados Unidos, que hai Estados en la Union que no tienen sistema alguno de Escuelas Comunes ; i si se ponen los documentos a la vista de Estados como Massachussets i Nueva York, Pensilvania i Ohio, i otros Estados que tienen sistema de Escuelas Comunes, solo el conocimiento de los hechos bastará para escitar la enerjía, i compelerlos por vergüenza a educar a sus hijos. (*)

Señor Presidente, si se me preguntara hoi de qué me envanezco mas en mi propio Estado (Ohio) no señalaria las brillantes pájinas de sus fastos militares, ni los heróicos soldados i oficiales que dió para la lucha : no señalaria los grandes hombres pasados i presentes que ha producido, sino que mostraria sus escuelas públicas. Mostraria el hecho honorífico que durante los cinco años de la última guerra ha gastado 12,000,000 de pesos para sostener sus escuelas públicas. No incluyo en la suma lo gastado en la enseñanza superior. Señalaria el hecho de que cincuenta i dos por ciento de las rentas cobradas en Ohio durante los cinco últimos años, a

---

(*) En un proyecto de juramento presentado por el Senador Sumner, se proponia i no fué aceptado, para el Sur, añadir entre otras obligaciones la de fomentar la educacion.

mas de los impuestos para la guerra, i los impuestos para pagar su deuda pública, han sido para el sostenimiento de escuelas. Yo mostraria las escuelas de Cincinati, de Cleveland, de Toledo, si hubiere de ostentar ante un estranjero las glorias del Ohio. Mostraríale los mil trescientos edificios de Escuelas con sus setecientos mil niños en las Escuelas de Ohio. Mostraríale la cifra de tres millones de pesos que ha pagado este último año; i a mi juicio esta es la verdadera medida para apreciar el progreso i la gloria de los Estados.

Dícesenos que no hai necesidad de esta lei, que los Estados obrarán por sí. Saben acaso por qué luchas ha pasado cada Estado hasta llegar a asegurarse un buen sistema de educacion? Permítaseme ilustrarlo con un ejemplo. No obstante la antigua declaracion de Guillermo Penn de:

"Que lo que hace una buena constitucion debe sostenerla, a saber, hombres de sabiduría i de virtud; cualidades que, pues que no nos vienen con la herencia de bienes mundanos, deben propagarse por la virtuosa educacion de la juventud, para la cual no debeis economizar gastos, porque con tal parsimonia, cuanto es ahorrado es perdido:"

No obstante tambien de que los sábios arquitectos, incorporaron este sentimiento en su "estructura de gobierno," e hicieron el deber del gobernante del consejo, "establecer i sostener escuelas"; a pesar de que Benjamin Franklin desde el primer dia en que se hizo ciudadano de Pensilvania, inculcó el valor de los conocimientos útiles para todo ser humano en toda vocacion de la vida, i por su personal i pecuniario esfuerzo estableció escuelas i un colejio para Filadelfia; no obstante que la constitucion de Pensilvania hizo obligatorio para la Lejislatura fomentar la educacion de los ciudadanos, apesar de todo esto, solo en 1833 a 34 vino a establecerse por lei un sistema de escuelas comunes, sostenido en parte por un impuesto sobre la propiedad del Estado, para el comun beneficio de los hijos del Estado; i aunque la lei fué sancionada por un voto casi unánime de ambas Cámaras de la Lejislatura, tan estraña era la idea de escuelas públicas, a los hábitos del pueblo, tan odiosa era la idea de imponer contribuciones para este objeto, que aun los pobres que habian de ser especialmente beneficiados por ellas, fueron de tal manera alucinados por los demagogos que al fin fué necesario anular la lei.

Muchos miembros que habian votado por ella no fueron reelectos; i otros aunque designados perdieron la eleccion. Muchos fueron débiles en demasía para comprometerse a derogar la lei: en la sesion de 1835 estaba ya visto que iba a ser derogada, para adoptar en su lugar una odiosa i limitada provision para educar a los hijos de los pobres por separado. En la mas sombria hora del debate, cuando el ánimo de los autores del proyecto desfallecia de miedo, tomó la palabra uno de sus mas ardientes campeones, uno que aunque no oriundo del Estado, sentia la vergüenza de que el Estado se cubriria con la derogacion de la lei: uno que sin arte ni parte, no seria beneficiado por la operacion del sistema; i aunque él soportase la carga, solo partiria con cada ciudadano los beneficios ; uno que habia votado por la lei orijinal, aunque introducida por sus adversarios políticos, i quien habia defendido i gloriádose de su voto, ante sus irritados i descontentos electores: este hombre entonces al principio de su carrera política, se echó en medio del conflicto, i con su apremiante i briosa elocuencia salvó la lei, i dotó a Pensilvania de un noble sistema de Escuelas Comunes. (*) Dudo si ahora, transcurridos ya treinta años, absorvidos por trabajos felices en el foro, en la tribuna o en los comisios, el venerable i distinguido miembro (Mr. Stephens) que actualmente representa una parte de aquel Estado en esta sala, puedo recordar con la mitad del placer un discurso que pronunció en su vida, porque ninguno de los actos ligados a su nombre promete mayores bendiciones que este para centenares de miles de niños i para innumerables familias.

Tengo a mano una copia de aquel bravo discurso, i ruego al secretario lea los pasajes que van marcados:

" Soi comparativamente estranjero entre vosotros: pariente alguno mio ni moró, ni acaso nunca morará en este pais. No tengo ninguno de esos fuertes vínculos que pudieran ligarme a vuestro honor o interés ; i sin embargo, si hai alguna cosa en este mundo que yo desee con ardor es ver a Pensilvania elevar sus fuerzas intelectuales sobre los otros Estados rivales, como nadie negará que lo está por sus recursos materiales. Cuan vergonzoso seria pues para sus hijos sentirse inferiores cuando el polvo de sus antecesores está confundido con la tierra, sus amigos i deudos gozan de la presente prosperidad, i sus descendientes, por largos años venideros, participen de su felicidad o miseria, de su gloria o su infamia !

....

Al librar esta lei a la posteridad, obrais como filántropos, ofreciendo tanto al pobre como al rico, el mayor don terrestre que pueden recibir; obrais como filósofos señalándoles la montaña de sabiduría si no podeis guiarlos hácia ella; obrais como el héroe, si fuera cierto, como decis, que la venganza popular seguirá vuestros pasos : si aspirais a la verdadera popularidad, teatro vasto teneis, donde alcanzarla.

....

Que todos aquellos por tanto que quieran ser tenidos por filántropos i por filósofos presten su apoyo a esta lei ; i si hai quien quiera añadir ademas la gloria del héroe aquí la hallará ; porque dados los sentimientos vijentes en Pensilvania, no estoi distante de admitir que la clava del guerrero i el hacha de combate de la salvaje ignorancia es mucho menos peligrosa que lo fué para Ricardo Corazon de Leon, la tajante cimitarra del sarraceno. El que hubiera de oponérsele, ya fuese por incapacidad de comprender las ventajas de la educacion jeneral, o por negarse a conce-

---

(*) La lei i la historia de esta lucha se encuentra publicada en el cuarto tomo, pájina 47, de los "Anales de la Educacion de Buenos Aires."

derla a todos sus compatriotas, sin escluir a los mas humildes i a los mas pobres, o por temor a la venganza popular, carece a mi ver de la mente del filósofo, del corazon del filántropo, o de los nervios del héroe."

Ha vivido lo bastante para ver estendida i consolidada en un noble sistema de instruccion pública aquella lei que contribuyó a establecer en 1834 i cuya derogacion estorbó en 1835. Doce mil escuelas han sido edificadas por contribuciones que se ha impuesto voluntariamente el pueblo, hasta la cantidad de diez millones para escuelas solamente. Muchos millones de niños han sido educados en estas escuelas. Mas de setecientos mil asistian a las escuelas de Pensilvania de 1864 a 1865, i su costo anual a que proveen impuestos voluntarios fué de cosa de tres millones de pesos, dando empleo a dieziseis mil maestros.

Hai gloria de sobra para un hombre en ligar su nombre con gran honor al original establecimiento i victoriosa defensa de un sistema semejante.

Pero se dice que la sed de conocimientos en los jóvenes, que el orgullo i ambicion que los padres alienten en los hijos, son incentivo bastante para establecer i mantener sistemas completos de educacion.

A esta sujestion, responde unanimamente la voz de los publicistas i economistas. Todos admiten que la doctrina de "la oferta i la demanda" no resa con las necesidades de la educacion. Aun los mas determinados sostenedores del principio de *laissez faire*, como una sana máxima de filosofia política, admiten que los gobiernos deben intervenir en ayuda de la educacion. No hemos de esperar a que la necesidad de la próxima jeneracion se *esprese* por una *demanda* de educacion. Nosotros debemos descubrir su *necesidad* i proveer a ella, antes que haya pasado para siempre el momento oportuno.

John Stuart Mill dice, hablando del asunto: "Pero hai otras cosas que no han de estimarse por la demanda que de ellas haya en el mercado; cosas cuya utilidad no consiste en servir a las inclinaciones, ni proveer a los usos ordinarios de la vida, i cuya falta es menos sentida a medida que la necesidad es mas grande. Esto es especialmente cierto cuando se trata de todas aquellas cosas, cuya principal utilidad viene de que contribuyen a elevar el carácter del hombre. Los incultos no pueden ser jueces de lo culto.

"Aquellos que mas necesidad tienen de ser mejores i mas educados, son los que de ordinario lo desean menos, i si llegaran a desearlo, serian incapaces de hallar el camino guiados por sus propias luces. Es frecuente en el sistema voluntario que, no deseándose el fin, no se provee absolutamente de medios, o que teniendo las personas que requieren mejora una idea imperfecta o enteramente erronea de aquello que necesitan, la oferta escitada por la demanda del mercado no será nada que se parezca a lo que se necesita.

"Puede, pues, un gobierno bien intencionado i tolerablemente ilustrado pensar sin presuncion, que él posee i puede poseer un grado de cultura superior al nivel comun de la comunidad que gobierna, i que por tanto seria capaz de ofrecer mayor educacion i mejor instruccion al pueblo que la que escojeria el mayor número de entre ellos.

" La educacion, pues, es una de las cosas que, en principio, es admisible que el gobierno provea al pueblo. Caso es este al cual no se estienden necesaria i universalmente las razones del principio de no intervencion.

" Con respecto a la educacion elementaria, es mi opinion que la escepcion a las reglas jenerales puede llevarse aun mas adelante. Hai ciertos elementos primarios i medios de adquirir conocimientos que seria de desear siempre que todo sér humano, miembro de la comunidad, adquiriese en su niñez. Si sus padres o aquellos de quienes dependen tienen los medios de darles esta instruccion, i no lo hacen, faltan doblemente a su deber para con sus hijos i para con los miembros de la comunidad en jeneral, espuesta a sufrir seriamente por las consecuencias de la ignorancia i falta de educacion de sus conciudadanos. Entra por tanto en el permitido ejercicio de las facultades del gobierno imponer a los padres la obligacion legal de dar instruccion elemental a sus hijos *. No puede esto hacerse, sin embargo, sin tomar medidas para asegurarse de que tal clase de instruccion estará siempre a su alcance gratuitamente o a poquísimo costo."

Tal es el testimonio de la ciencia económica. No creo que los estadistas en esta Cámara continuarán mirando la educacion como asunto demasiado humilde para fijar su seria consideracion. El ha absorvido la particular atencion de los hombres mas eminentes en todos tiempos, i la de los modernos hombres de Estado, i filántropos especialmente.

Pero me fortificaré todavia en la posicion que he asumido citando la autoridad de unos cuantos hombres, con razon mirados como maestros de la humanidad. Juan Milton decia en un elocuente ensayo, titulado Modo de establecer una comunidad libre :

" Para hacer que el pueblo sea capaz de elejir, i los electos capaces de gobernar, habremos de correjir nuestra corrompida i defectuosa educacion, enseñando al pueblo la fé, no sin virtud, modestia, templanza i economía, la justicia que no lleve a admirar la riqueza o el poder : sino para odiar la turbulencia o la ambicion, para que cada uno cifre su propia felicidad i bienestar en la paz pública, libertad i seguridad."

El venerable estadista inglés lord Brougham dió mas peso a aquellas verdades con estas elocuentes palabras :

" ¡ Legisladores de Inglaterra ! Os confio un cuidado. Estad seguros de que el desprecio que ha recaido sobre Constantinopla, cuando en concilio disputaba sobre un testo, mientras el enemigo que se burlaba de to-

---

* Vease Dictámen del Departamento de Escuelas de Buenos Aires. "Anales de la Educacion, vol. II, nº 22, páj. 711.

dos los testos estaba tocando a sus puertas, será una muestra de respeto comparada con el grito de universal desprecio que la especie humana levantará contra vosotros, si permaneceis tranquilos i permitis que enemigo mas mortal que el Turco, si permitis que el oríjen de todo mal, de toda mentira, de toda hipocresia, de toda falta de caridad, de todo egoismo,—el que cubre con pretestos de conciencia las celadas que tiende a las almas que codicia—ronde en torno del redil i destruya a sus moradores—permanecer quietos i no hacer frente, bajo el vano pretesto de halagar vuestra indolencia, que vuestra accion es embarazada por cabales religiosas—o con la mas criminal especulacion todavia de que, desempeñando vuestra parte, tornareis contra vuestros propósitos el ódio de los profesores disidentes. Dejad al soldado salir al frente, si lo quiere. Nada puede hacer en nuestro siglo. Hai otro personaje en campaña, persona menos imponente, al parecer de algunos, insignificante. El maestro de escuela esta en campaña, i yo tengo mas confianza en él, armado de su silabario, que en el soldado con su uniforme de parada."

Lord Brougham * se envanecia de su título de Maestro de Escuela, i comparaba su obra con la del conquistador militar en estas palabras: "El conquistador avanza con la pompa del orgullo i los implementos de la guerra, con banderas desplegadas, hendiendo el aire con los vivas, el tronar del cañon, el ruido de la música marcial, a fin de ahogar los jemidos de los heridos i los lamentos por los muertos. No así el maestro de escuela en su pacífica vocacion, que medita i prepara en secreto los planes que han de derramar bendiciones sobre la especie humana. Él reune lentamente, en derredor suyo, los que han de llevar adelante su obra; quieta pero firmemente avanza en su humilde camino, trabajando mucho, pero tranquilamente, hasta que ha abierto para la luz, paso á todos los escondrijos de la ignorancia, i arrancado de cuajo la zizaña del vicio. Su progreso es tan lento que ni marcha puede llamársele; pero lleva a triunfos mucho mas brillantes i a laureles inmarcesibles que nunca ganó el destructor de la especie humana, el azote del mundo."

El sabio i elocuente Guizot, que consideraba sus trabajos de ministro de Instruccion pública en Francia como la obra mas noble i meritoria de su vida, nos da este valioso testimonio: "La educacion universal es de hoi mas una de las garantías de la libertad i de toda estabilidad social. Como todo principio de nuestro gobierno se funda en la justicia i en la razon, difundir la educacion en el pueblo, desenvolver su inteligencia, ilustrar su espíritu, es fortificar el gobierno constitucional i asegurar su estabilidad."

En su despedida, Washington consignó este sabio consejo:

---

* Lord Brougham, el primer jurisconsulto de la Inglaterra, ha consagrado toda su vida a la difusion de los conocimientos útiles, en *Magazines* i Escuelas.

" Como objeto de primaria importancia, promoved instituciones para la jeneral difusion de los conocimientos. En proporcion de la fuerza que la estructura del gobierno dá a la opinion pública, es esencial que se ilustre la opinion pública."

Cuando tomaba por la primera vez posesion de la silla presidencial, el mas antiguo de los Adams dijo :

" Hace honor a la Legislatura i a sus constituyentes, su sabiduría i jenerosidad, en proveer ampliamente de fondos en beneficio de Escuelas, Academias i Colejios, dando así una prueba de su veneracion por las letras i las ciencias, i una promesa de duradero i grande bien a la América del Norte i del Sur, i al mundo entero. Grande es la verdad : grande la libertad—grande la humanidad—i deben prevalecer, i prevalecerán."

El canciller Rent se sirvió de este enérjico lenguaje :

" El padre que lanza al mundo un hijo sin educacion, roba a la comunidad un ciudadano legal i le lega un estorbo."

Concluiré mis citas de opiniones con las vigorosas palabras de Eduardo Everett :

" No sé a qué cosa comparar el vivo apetito que tiene el alma por mejorar, sino a verdadera hambre i sed de conocimientos i de verdad, ni podemos descubrir la incumbencia de la educacion, sino diciendo que ella produce en la mente humana lo que en el cuerpo los cuidados i alimentos que son necesarios para su crecimiento, salud i fuerza."

" Me parece que de esta comparacion se puede deducir nuevas consideraciones sobre la importancia de la educacion. Hoi es un solemne deber, una tierna i sagrada verdad. ¡ Cómo ! Nutris el cuerpo del niño, i dejais el alma hambrienta ; hartais sus miembros i dejais morir de necesidad sus facultades mentales !

" Plantad la tierra, cubrid con vuestros rebaños mil montañas, perseguid el pez en sus escondites dentro del Oceano, cubrid las llanuras de mieses con el objeto de proveer a las necesidades del cuerpo, que bien pronto quedará tan frio e insensible como el mas pobre terron, i dejad languidecer i agonizar la pura esencia intelectual interna con toda su gloriosa capacidad de mejora. ¡ Cómo ! Erijir fábricas, forzar a los rios a que muevan con sus aguas molinos, desencadenar los aprisionados espíritus del vapor, tejer vestidos para el cuerpo, i dejar el alma desnuda i sin ornato ! ¡ Cómo ! Mandar vuestros bajeles a mares apartados i dar batalla a los monstruos del abismo, a fin de obtener medios de iluminar vuestras moradas i almacenes, prolongar las horas del trabajo, por las cosas que perecen, i permitir que la chispa vital que Dios ha encendido, que ha confiado a nuestro cuidado para ser vivificada en ardiente i celeste llama ; ¡ permitirle, digo, languidecer, estinguirse ! "

Es notable que tan buenas cosas se hayan dicho, i tan pocas cosas buenas hecho los estadistas de nuestra patria en favor de la educacion. Si queremos saber qué han hecho los gobiernos de otros paises para sostener i desenvolver la educacion pública, fuerza nos será confesar con vergüenza que todos los gobiernos de la cristiandad han dado mas intelijente i eficaz apoyo a las escuelas que el nuestro. Las ciudades libres de la Alemania organizaron sistemas de escuelas tan pronto como se hizo la separacion del Estado i de la Iglesia. Las actuales escuelas de Hamburgo tienen mas de 1,000 años de existencia. En 1565 se hizo en el ducado de Wurtemberg el primer código de escuelas que se conoce. El del electorado de Sajonia data de 1580. Preténdese que bajo estos códigos se establecieron sistemas de escuelas mas perfectos que el de cualquiera de los Estados de la Union americana.

Sus sistemas abrazaban el jimnacio i la Universidad i eran destinados, segun los términos de la lei, a conducir la juventud desde los elementos al grado de cultura requerida por la Iglesia i el Estado.

Los institutos de educacion en Prusia por conocidos no admiten comento. De su elevado carácter i progresos da muestra lo que, no ha mucho, decia un empleado de escuelas sobre sus deberes oficiales :

" Prometí a Dios mirar a todo niño del campo en Prusia como un sér que podia demandarme ante Dios si no le daba la mejor educacion que puedo dar a un hombre i un cristiano."

Francia no tuvo a menos aprender de una nacion a la cual habia antes vencido en las batallas, i cuando, en 1831, empezó a ocuparse mas seriamente de la educacion del pueblo, envió al filósofo Cousin a Holanda i Prusia para que estudiase las escuelas de aquellos Estados e informarle sobre ellas. Guizot fué hecho ministro de instruccion pública, i desempeñó aquel empleo desde 1832 a 1837. En 1833 se publicó el informe de Cousin i se estableció el sistema de educacion de Francia bajo el plan del prusiano. *

Ningun hecho de la brillante carrera de Guizot le honra tanto como su obra de cinco años en beneficio de las escuelas de Francia, i no vió malogrados los frutos de su trabajo con las revoluciones que siguieron. El actual emperador esta dedicando sus mayores esfuerzos a la perfeccion i mantenimiento de las escuelas, i tratando de que se tenga el majisterio por profesion mas honrosa i apetecible de lo que ha sido hasta ahora.

Mediante la atencion del secretario de Estado, he obtenido el último informe anual del ministro de Instruccion Pública, que muestra el estado actual de la educacion en aquel imperio :

En la época de la última enumeracion habia en Francia en colejios i museos 65,832 alumnos, en escuelas secundarias 200,000, i en escuelas comunes i primarias 4,720,234.

A mas de la grande suma obtenida de impuestos locales, el gobierno

---

* El mismo trabajo i por los mismos medios emprendió el gobierno de Chile en 1845, mandando un comisionado a Europa i Estados Unidos.

imperial destinó durante el año 1865 2,349,651 francos para el sostenimiento de escuelas primarias. Una órden de honor i una medalla de 250 francos son los premios que se conceden al mejor maestro en cada consejo.

Despues de desempeñar por mucho tiempo i con la mayor fidelidad su empleo, el maestro se retira con medio sueldo i con una pension vitalicia si pierde la salud. En 1865 habia 4,245 maestros en la lista de pensiones de Francia. El ministro dice en su informe :

" Los estadistas de Francia se han propuesto mostrar que el pais sabe honrar aun a los hombres que le sirven ignorados en sus humildes retiros."

Desde 1862 se han establecido 10,243 bibliotecas para el uso de las escuelas comunes, i actualmente contienen 1,117,352 volumenes, mas de un tercio de los cuales han sido subministrados por el gobierno imperial. Medio millon de libros de enseñanza se reparten a los niños demasiado pobres que no pueden comprarlos. Es política del gobierno francés ofrecer toda clase de medios de educacion a todo niño del imperio.

Cuando comparamos la conducta de otros gobiernos con la nuestra, no podemos prescindir de acusarnos de falta de liberalidad, al mismo tiempo que de loca prodigalidad cuando somos liberales en sosten de las escuelas. Gobierno alguno ha gastado mas con menos provecho. A catorce Estados, solamente hemos dado para sosten de escuelas 83,000 mil millas cuadradas de tierra, lo que hace un territorio dos veces mas grande que el territorio del Ohio. Pero ¿ cómo ha sido empleada esta suntuosa dádiva ? Este capítulo de nuestra historia aun no ha sido escrito. Ningun miembro de esta Cámara ni del Senado, ningun empleado del Ejecutivo sabe cómo se ha dispuesto de este inmenso don. El bill de que nos ocupamos exije del Comisionado de Educacion que informe al Congreso qué tierras se han dado a las escuelas, i cómo se han invertido sus productos. Si no estamos dispuestos a seguir el ejemplo de nuestros padres, tengamos al menos conocimiento de los beneficios resultados de su liberalidad.

Señor Presidente : Tengo ya mostrado, aunque de prisa e imperfectamente, la magnitud de los intereses comprometidos en la educacion de la juventud americana ; la peculiar condicion de los asuntos que reclaman hoi mayor aumento de nuestras fuerzas de educacion ; el no haber una mayoría de Estados alcanzado a fundar sistemas de educacion, las largas luchas por las cuales han pasado otros para conseguirlo, i el humillante contraste entre la accion de nuestro gobierno i el de otras naciones con referencia a la educacion ; pero no terminaré sin hacerme cargo del alcance de esta medida sobre la obra peculiar a este Congreso.

Cuando se haya escrito la historia del Congreso XXXIX, se recordará que dos grandes ideas lo inspiraron i dieron impulso a todos sus esfuerzos, a saber : construir Estados libres sobre las ruinas de la esclavitud, i estender a cada habitante de los Estados Unidos los derechos i privilejios de la ciudadanía.

Antes que el divino Arquitecto diese órden al caos, dijo: "Hágase la luz." ¿ Cometéremos nosotros el fatal error de crear Estados libres sin espeler primero las tinieblas en que la esclavitud envolvió a su pueblo? ¿ Estendéremos los límites de la ciudadanía, i nada proveeremos para ensanchar la inteligencia del ciudadano?

Participo completamente de las aspiraciones de este Congreso i doi mi mas cordial apoyo a su política; pero temo que su obra vendrá a parar en un desastre si no hace del maestro de escuela su aliado, i le ayuda a preparar a los hijos de los Estados Unidos para perfeccionar la obra ya consagrada.

La cigüeña es una ave sagrada en Holanda i sus leyes la protejen, porque destruye aquellos insectos que minarian los diques i dejarian al Oceano volver a sepultar las ricas campiñas de la Holanda. ¿ Nada haria este gobierno para animar i fortalecer los agentes de la educacion, que sola puede escudar a la presente jeneracion de la ignorancia i del vicio, i hacerla el inespugnable baluarte de la libertad i de la lei?

Conozco que la medida no está destinada a llamar la atencion de aquellos cuya obra principal es observar los movimientos políticos que afectan el resultado de reunir convenciones i prácticar elecciones. El politicastro nada de valor ve en ella por cuanto los millones de niños que van a ser beneficiados no pueden darle votos. Pero yo apelo a aquellos que cuidan mas por la seguridad i gloria de esta nacion, que de meras ventajas del momento, para ayudar a dar a la educacion el reconocimiento público i el activo apoyo del gobierno federal.

LEJISLACION E INSTITUCIONES.

Bajo este epígrafe irán comprendidos en lo adelante todos los actos lejislativos o de otro orijen que muestren las leyes, enmiendas, decretos, i reglamentos, que organizan la educacion pública i la desenvuelven, con las observaciones del caso. A este lugar corresponderán las medidas que en cada Estado de Sur América se vayan tomando para mejorar la educacion, las escuelas o las bibliotecas que se funden, &c.

ESTADOS UNIDOS.

No se logró poner en estado de votacion el bill hasta el 19 de Junio, en que quedó sancionado por un voto de 80 contra 44, con el siguiente título i disposiciones:

ACTA PARA ESTABLECER UN DEPARTAMENTO DE EDUCACION.

El Senado i Camara de Representantes de los Estados Unidos, reunidos en Asamblea, &c.

Sec. 1. Estableceráse, en la ciudad de Washington un Departamento de Educacion con el objeto de reunir los datos estadísticos i hechos que muestren el estado i progresos de la educacion en los diversos Estados i Territorios, i difundir aquellas nociones respecto a la organizacion i manejo de las escuelas, i sistemas de escuelas, i métodos de enseñanza, que mejor sirvan para ayudar al pueblo de los Estados Unidos en el establecimiento i sosten de sistemas eficaces de escuela, i de cualquiera otra manera promover la causa de la educacion por todo el país.

Sec. 2. El Presidente nombrará con consentimiento i anuencia del Senado un Comisionado de Educacion a quien se encargará el manejo del Departamento que por esta lei se establece, i que recibirá un salario de cuatro mil pesos por año, i que tendrá autoridad para nombrar un oficial mayor de su departamento que recibirá un salario de dos mil pesos anuales, un escribiente con mil ocho cientos pesos al año, cuyo escribiente estará sujeto al nombramiento i remocion del dicho Comisario de Educacion.

Sec. 3. Será deber del Comisario de Educacion presentar anualmente al Congreso un Informe que contenga el resultado de sus investigaciones i trabajos, con la relacion de aquellos hechos i las recomendaciones que a su juicio hayan de servir a los própositos a que se destina este establecimiento. En el primer informe hecho por el Comisionado de Educacion segun lo dispuesto por esta acta, se presentará una relacion de las varias concesiones de tierras hechas por el Congreso para promover la educacion, i el modo cómo estas han sido desempeñadas, el monto de fondos que hubieren producido, i el rédito anual de los mismos en cuanto pueda ser determinado.

Sec. 4. Autorízase i ordenase al Comisionado de Edificios públicos que subministre las convenientes oficinas para el uso del Departamento por esta lei establecido.

Nombramiento del Presidente, Honorable Henry Barnard.

FRANCIA.—VOTO DE LA LEI SOBRE INSTRUCCION PUBLICA.

La lei sobre la Instruccion publica ha sido adoptada en el Cuerpo legislativo, a unanimidad de votos, 246 bolas blancas, sin una sola negra. Despues de la bella i completa discusion a que esta lei dió marjen, aquel resultado prueba que si bien los hombres mas adelantados no estan de acuerdo sobre los medios, lo estan siempre sobre el fin, que todos, tanto en la Cámara, como en el Gobierno, estan dispuestos a hacer sacrificios, a fin de fortificar i desarrollar la educacion del pueblo.* Es este un hecho de que debe felicitarse i enorgullecerse todo francés que ama la grandeza i la prosperidad de su país. . . . .

Segun los datos subministrados a la Cámara, por el Comisario del gobierno seran: la creacion de cerca de once mil escuelas primarias, entre ellas dos mil en villorrios (a saber, ocho mil de niñas, i tres mil de hombres); la instalacion de cerca de dos mil ayudantes; la mejora de condicion de 15,000 maestras i de 18,000 ayudantes de uno i otro secso; la instalacion de 10,000 maestras de obras manuales en las escuelas mistas; la ecsistencia legal dada a 30,000 cursos de adultos; admision gratuita de 96,000, alumnos pagantes.

Cifras tales son mas elocuentes que todos los discursos; i justifican perfectamente todo el interes que ha ecsitado la lei sobre la instruccion primaria.

(*De un diario frances.*)

---

* Cuando en 1858 se presentó a la Lejislatura de Buenos Aires el proyecto de lei para destinar un millon de pesos a la ereccion de edificios de Escuelas, el Senado lo votó por unanimidad i la Cámara decretó la aclamacion.

ESTADO DE NUEVA YORK.—ESCUELAS GRATUITAS.

Pasó en la Lejislatura el bill relativo a las Escuelas comunes del Estado, por ochenta i un votos. Esta es una de las mas importantes por no decir la mas benéfica de las medidas de la presente sesion. Esta lei aumenta el impuesto de tres cuartos por mil, que era a uno i cuarto por mil, para el sostenimiento de las escuelas, lo que dará neto $2.074,315. En adicion a esta suma el Estado destina 195,000 del fondo de Escuelas, i $169,000 del fondo en depósito de los Estados Unidos, haciendo en todo, $2.438,315, por año. Por las veinte i ocho semanas prócsimas de escuela, i cuanto hubiere de requerirse, las ciudades, villas i distritos de escuela deben sostenerlas por impuestos locales. La sancion de esta lei, completa los esfuezos que desde 1848 vienen haciendo los hombres consagrados a la educacion.

De este impuesto la ciudad de Nueva York solamente pagará $800,000, una buena parte de los cuales seran absorvidos por otros condados, pues que solo los condados de Nueva York, King i Albany, sacan del tesoro del estado suma menor que la que pagan.

En 1855 Nueva York pagó para Escuelas $499.088, en suma total que por todo el estado ascendia a $1,148,422.

La avaluacion total de la propiedad en el Estado, es de $1,659,452,615; la de la ciudad de Nueva York—736.959,908, la de Ring 143.817,295—de modo que estos dos condados solos pagan mas de la mitad de la contribucion de todo el Estado.

(*Del Times de Nueva York.*)

Nueva York.—Una prueba de arados y otros instrumentos de agricultura se hará en Utica, el 7 de Mayo, bajo los auspicios de la Sociedad Agrícola del Estado. Se invita por tanto a los constructores de arados de todo el mundo, a entrar en competencia. Se ofrecen medallas de oro por el mejor arado, en cada una de nueve variedades. Los competidores deberan hacer inscribir sus nombres en la oficina del Secretario, en Albany por lo menos dos semanas antes de la época designada para comenzar la prueba.

EDUCACION DE LOS LIBERTOS.

Una de las mas urjentes necesidades del Sur es la de educar a los negros que acaban de ser libertados de la esclavitud, i a los cuales, sin embargo, se ha revestido con el poder político. Por fortuna a necesidad tan grande han correspondido esfuerzos alentadores. Las escuelas de color en el Sur, estimuladas por la Oficina de libertos, estan obrando prodijios. Se asegura que mas de 100,000 de los que no ha mucho eran esclavos asisten hoi a las escuelas. Mr. Alvord calcula en medio millon los que estan en silabario. Los progresos que hacen en la instruccion son igualmente notables. Segun el Informe de Mr. Alvord, Superintendente de Escuelas, en los seis pasados meses se dió cuenta de 1,339 Escuelas (incluyendo las industriales), con 1,634 maestros i 87,971 alumnos, mientras que los domingos hai abiertas 782 escuelas con 70,610 discípulos. De los 88,000 alumnos rejistrados, solo dos mil eran libres antes de la guerra, i la aplicacion i aprovechamiento de los unos es tan grande como la de los otros. Es digno de notarse que 623 de las Escuelas son sostenidas por esos libertos, i que 16,000 alumnos pagan $11,377. Son numerosas las Escuelas Normales establecidas aquí i allí, i no escasean las industriales, en las que se enseñan los deberes domésticos i otras necesarias adquisiciones.—*The Times.*

CALIFORNIA.

SAN FRANCISCO.—Fué imponente hoi el acto de colocar la piedra angular del nuevo edificio para la Biblioteca Mercantil de esta ciudad. Las ceremonias fueron presididas por la fraternidad Masónica. La Gran Logia plena del Estado se halló presente.

MEETING ANUAL DE LA ASOCIACION DE LA BIBLIOTECA MERCANTIL.

La Asociacion de la Biblioteca Mercantil de Nueva York, tuvo su sesion anual en los Salones del edificio del Ateneo, presidida por el caballero Woodruff. El principal asunto fué la lectura de los Informes del Tesorero i del Bibliotecario. Sobre una entrada de $9,609 se han invertido en el año 9,277. El bibliotecario dió cuenta del aumento de 800 volúmenes este año (sobre 100,000 que posee la Biblioteca). El número de libros que pertenecen al fondo de Carey era de 467. Los miembros estan en la proporcion siguiente. Miembros que pagan $3 al año, 2,310. Miembros de por vida, que pagaron $100,-217; que pagaron 50,-59. Miembros permanentes 198; miembros honorarios 10. Total de Miembros 2,794. Aumento durante el año, 273. Producto de las *Lecturas* bajo los auspícios de la sociedad, durante la última sesion, 1,444. La colecta del nuevo edificio hasta Marzo de 1867, subia a 89,000, de los cuales 23,763 se han empleado en la compra de cuatro solares para el nuevo edificio en la calle Montague, i 1,298, en material para el edificio. Durante el año se han recibido $4,773 de interes de capitales a censo, i 700 de 32 acciones en el fondo del Ateneo. El presupuesto para el nuevo edificio sube a 170,000 i se propone levantar por contribucion 40,000 mas. Los nuevos edificíos cubrirán tres solares, i el otro será reservado para Oficina, siguiendo la misma planta del edificio principal. El costo del edificio principal será de $129,000 de los cuales estan ya asegurados 100,000. Se prometen que para Marzo de 1868, el nuevo edificio estará terminado.—*Del "Times."*

OHIO.

Se ha sancionado una lei autorizando a los consejos de educacion de las ciudades que tengan mas de veinte mil habitantes, a imponer una contribucion de un décimo por cada mil pesos para aumento i sosten de Bibliotecas públicas.

Sesenta de los Diputados actuales a la Lejislatura de Ohio han sido maestros de Escuelas! (*Ohio Educational Monthly.*)

NUEVA YORK.

Tuvo lugar ayer un interesante meeting en favor de la educacion de los libertos, por medio de la ajencia de la Asociacion de Misioneros americanos.

BROOKLYN.

El Reverendo Henry Beecher predicó anteayer en la iglesia de Plimouth, sobre la necesidad de la educacion universal como garantía de seguridad pública. Al fin del sermon se hizo una colecta en favor de la Asociacion de libertos.

MASSACHUSETS.

El Senado de Massachusets ha sancionado un bill, ordenando que ningun niño de menos de diez años será empleado en una fábrica, a menos que no haya asistido a un escuela por seis meses el año anterior, etc.

DANVERS, MASS.

El gran filántropo George Peabody en su villa natal, Danvers, es recibido por el pueblo en masa. Dirije la palabra a los niños de las escuelas, (allí se educó) en los términos mas cariñosos, i en seguida a sus convecinos, i a las mujeres. El entusiasmo jeneral no tiene límites.

UTIL AJENCIA.

Varios hechos curiosos con respecto a una clase de niños que asisten a nuestras escuelas públicas, son de cuando en cuando espuestos por ajencias cuya ecsistencia ignora el público. Los Comisarios de la policía metropolitana tienen, hace algun tiempo, cinco empleados destinados a observar i seguir a los niños vagos o mal entretenidos. Estos empleados tienen obligacion de visitar todas las Escuelas públicas, obtener los nombres i residencias de los ausentes, e informar sobre ellos. El resultado de un año de accion de estos empleados puede resumirse así: de 9,239 niños de cuya ausencia fueron informados por los maestros, i todos visitados en sus casas ecsepto 397, cuyas residencias no pudieron averiguar, la investigacion hecha probó que 2,091, habian faltado a la escuela sin causa; 984 habian sido retirados de la escuela; 204 transferidos a otras escuelas; 923 detenidos en sus casas por sus padres; 112 guardado la casa por pobreza, i 318 por enfermedad. De los restantes 3,144 se habian reformado, asistiendo regularmente a la escuela 1,928; sido arrestados i traidos a la Escuela, 410 arrestados; i puestos en el Asilo Juvenil, 180; quedan como vagos, 299; i 397, cuya residencia no se pudo averiguar. Obra de este jénero, desempeñada en conciencia, no hace por cierto una canongia del empleo. *

DONACIONES.—DONACION PEABODY.

Los síndicos del fondo de tres millones de pesos donados recientemente por Peabody para las escuelas, han tenido varias reuniones en esta ciudad, para decidir sobre el mejor plan de dar aplicacion al magnífico don para la Educacion. Mr. Peabody se les reunió, i segundó con calor sus esfuerzos. El plan adoptado es el siguiente:

Informe de los síndicos de la donacion Peabody.

"La Comision de investigacion, habiendo cuidadosamente considerado los importantes asuntos que le fueron sometidos, se permite presentar las siguientes resoluciones.

Se resuelve 1° Que por ahora el principal objeto del consejo encargado del uso del fondo puesto a su disposicion, sea el adelanto de la educacion primaria o comun, por los medios i ajencias que ecsisten, o las que se créen donde nos las haya.

Se resuelve 2° Que para hacer efectivo este propósito, i como medio de promoverlo, el consejo tendrá en vista la fundacion de Escuelas de Maestros, como tambien dotar vecas para maestros en los institutos de educacion ecsistentes en el Sur, i ausiliar las Escuelas Normales de Maestros que ya ecsistan en el Sur i en el Sudoeste, con todas las otras medidas que se juzguen hacederas i oportunas, para promover la educacion, en la aplicacion de las ciencias a las profesiones industriales.

Se resuelve 3° Que el consejo nombre un Agente Jeneral de la mas alta capacidad, a quien bajo la direccion de una comision ejecutiva, le sea confiado realizar los designios de Mr. Peabody en su gran donativo, segun las instrucciones i reglas que el consejo dictare.

---

* Este mismo funcionario ecsiste por lei en Prusia, en Massachusetts, i en Rhode Island.

Se resuelve 4° Que el Reverendo Doctor Scar, Presidente de la Universidad de Brown en Rhode Island, sea nombrado Ajente Jeneral del consejo, en los términos que lo acuerde la comision de hacienda.

Se resuelve 5° Que una Comision ejecutiva de cinco síndicos sea nombrada por el Presidente del consejo, en sus reuniones anuales, a la cual estará encargada, con el concurso del Ajente Jeneral, la ejecucion de las medidas que el consejo adoptare.

Se resuelve 6° Que la siguiente reunion anual se convoque en la ciudad de Nueva York, el tercer Martes de Junio de 1868, quedando en el entretanto el Presidente facultado para convocar el consejo, cada vez que lo juzgare oportuno."

En un espléndido banquete dado por Mr. Peabody a los síndicos, Mr. Winthrop pronunció un felicísimo discurso, espresando el sentimiento jeneral de gratitud a Mr. Peabody por su munificente don, apreciando debidamente su noble carácter que tanto honra su nombre, su pueblo i su rasa. La Señora Botta, esposa del Profesor Botta, la distinguida autora, leyó el siguiente soneto:

En vano ir a buscar en los anales
De las que fueron ya jeneraciones,
O en los famosos cuentos orientales
Acciones que igualar a tus acciones:

En vano, sí: tu el oro por millones
En pro del pueblo cedes, i sus males
Curas, i recojiendo bendiciones,
Tu patria haces valer, por lo que vales.

Tu patria, que sin cetros ni coronas,
Hogar da al desvalido do asilarse
Sin distincion de castas ni de zonas.

I cuyo agradecimiento a lo que donas
Mas i mas con el tiempo ha de ensancharse
Cual se ensancha en su curso el Amazonas.

LOS SEÑORES APPLETON.

Los SS. Appleton de esta ciudad, han hecho a los síndicos del fondo Peabody, jeneroso presente de 100,000 volúmenes de libros elementales de educacion, tan contajiosa es una noble jenerosidad. Esperamos que el ejemplo de los SS. Appleton será seguido por otros editores-libreros.

A LOS AMIGOS DE LA EDUCACION.

El meeting de amigos de la mejora de la educacion de las mujeres, i de la institucion de un establecimiento con ese fin en esta ciudad, se reunirá

ESTA NOCHE en el Instituto Cooper, en los salones de la Asociacion para el fomento de Ciencias i artes, a las 8. Se invita a los ciudadanos a asistir.

(*Herald* de New-York.)

REPÚBLICA ARJENTINA.

MINISTERIO DE INSTRUCCION PÚBLICA.—EXCMO. SR. CORONEL D. F. SARMIENTO.

BUENOS AIRES, Febrero 28 de 1867.—Señor Ministro: El abajo firmado tiene la satisfaccion de dirijirse a V. E. participándole, en contestacion a su nota fecha 22 de Noviembre del año prócsimo pasado, que el jóven D. Clodomiro Quiroga, encargado por V. E., segun contrato adjunto, para hacer la traduccion de la obra titulada *School Economy*, no se ha presentado en este Ministerio todavia, i por esta circunstancia no ha sido posible efectuar ese trabajo. Sin embargo, el gobierno ha aprobado el proceder observado por V. E. con el objeto de dotar al pais i sobre todo a las Escuelas, de una obra de tanta utilidad.—EDUARDO COSTA, *Ministro de Instruccion Pública de la República Arjentina.*

MASSACHUSETS.

Sala de Representantes.—Núm. 207.—República de Massachusets.

PETICION *al Honorable Senado i Sala de Representantes de la República de Massachusets.*

Habiendo sabido los abajo firmados que las obras de Educacion de Horacio Mann, Secretario que fué del Consejo de Educacion, se estan imprimiendo por suscricion, respetuosamente recomendamos se destine una suma a la compra de un número suficiente de ejemplares, para colocar una coleccion completa en cada biblioteca municipal del Estado.

Apenas es permitido encarecer el valor de estas obras ante una Lejislatura, que, por su sabiduría en establecer el Consejo de Educacion, creó un vasto campo a los benéficos trabajos de Mr. Mann, haciéndose con esto el bienhechor del pais i de la especie humana.

Doce años se consagró en cuerpo i alma, i con infatigable celo Mr. Mann a los deberes de su empleo. Cuidadosamente investigó toda cuestion relativa a la situacion, tamaño, arreglo, abrigo, ventilacion, i amueblado de las escuelas; a los estudios adecuados para Escuelas de todos los grados; los mejores métodos de enseñanza i disciplina; el carácter i calificacion de los Maestros; las relaciones legales de las Escuelas i los Maestros con el distrito, municipio o Estado i toda cosa relativa a Escuelas.

En sus Informes, Lecturas i Discursos, dió al público lo mas vívido i mas maduro de sus conclusiones i pensamientos. Estos escritos ejercieron mas decidida influencia por do quier en los Estados libres i en ambos Canadá, abriendo los ojos de los hombres sobre sus necesidades i sobre la inconmensurable importancia individual i nacional de los sistemas mejorados de educacion, que ninguna otra causa que haya estado o subsista en actividad. El ardor i enerjía de su naturaleza brilló en aquellas pájinas: su chisporroteante injenio i elocuencia atrajo i mantuvo la atencion. La fuerza irresistible de los hechos que adujo i de los principios que proclamó interesó i subyugó a sus lectores a despecho de ellos mismos; i sus argumentos urjidos con lójica irreprochable, forzaron la conviccion. Sus escritos tendrian hoi la misma fuerza sin duda, i su circulacion no dejaria de atraer a toda persona intelijente hácia sus conclusiones, estableciendo que, la intelijencia i la virtud son los únicos cimientos seguros de una república, i que solo por una universal educacion moral i mental pueden asegurarse.

Distinguidos amigos de la educacion han escrito cartas en apoyo del pensamiento de publicar los escritos de Mr. Mann; i de ellas estractamos algunos pasajes.

El Reverendo Samuel J. May, que fué Superintendente de una Escuela Normal por tres años, cuando Mr. Mann era Scretario escribe lo siguiente:

" Nadie como él escribió con mas ardor i pocos con igual sabiduría, sobre educacion, sobre este asunto de primordial importancia, principalmente en este pais. Ahora que nuevo i mas profundo interés se toma necesariamente en la instruccion del pueblo todo; ahora, que aquella secuestrada parte de nuestra República,—los Estados que hasta hoi yacian sumidos en las cimerianas tinieblas de la esclavitud, van a ser abiertos a la luz de los conocimientos i a la verdad cristiana; ahora que el clamor por Maestros i Maestras de Escuelas llega de cada estremo de la tierra, es de la mayor consecuencia que los *verdaderos principios* de educacion, i los *mejores métodos* de enseñanza i cultura moral sean jeneralmente entendidos i apreciados. Mucho bien hacen nuestras Escuelas Normales i nuestros institutos de Maestros; pero el pueblo debe ser abundantemente provisto con los mejores libros sobre todo punto de educacion moral, intelectual i física; i no hai uno de estos que no se encuentre mas o menos dilucidado en las obras de Mr. Mann."

El Dr. Barnard, Superintendente de Escuelas que fué de Rhode Island i Connecticut, i editor del *Diario de Educacion*, dice:

" Estos Informes i Lecturas tratan con maestria asuntos de universal i permanente interés, i no solo señalan, sino que abren una era nueva en nuestros escritos sobre educacion i en nuestra literatura. Ellos encontrarán un lugar en nuestras bibliotecas, tanto públicas como particulares."

El Ministro Plenipotenciario de la República Arjentina a los Estados Unidos, Coronel Sarmiento, que introdujo en Chile i en el pais que representa nuestro sistema de Escuelas, i que decretó la construccion de mas de veinte Escuelas Modelos en la provincia de Buenos Aires, i una en la remota provincia de San Juan, ha sido autorizado por su gobierno a procurarse ejemplares de esta obra para ser jeneralizada en su pais.

En carta dirijida al mismo Coronel Sarmiento por Mr. Laboulaye, profesor de Historia en la Universidad de Francia, dice a este respecto: "Las Escuelas rejenerarán al mundo, i dia llegará cuando la grandeza de Horacio Mann será estimada, proclamándolo mas útil a la especie humana que todos los Césares. Por mi parte estoi reuniendo todos los documentos sobre esta gran cuestion."

El Secretario de la Legacion Arjentina en Francia, D. Manuel Garcia, escribiendo sobre la importancia de la educacion, con motivo del libro del Coronel Sarmiento, *Las Escuelas, base de la Prosperidad i de la República en los Estados Unidos*, dice: "A este fin, hombres como Mann, son mas grandes que los héroes, a quienes una estólida supersticion rinde homenaje, por dar batallas, subyugar i embrutecer naciones. Noble mision es aquella que conduce al mundo, de altares profanados por indignos ídolos, a la verdadera adoracion."

Terminará dignamente estos estractos, el siguiente testimonio sobre el práctico e inmediato valor de los escritos sobre educacion de Mr. Mann.

El Dr. S. G. Howe escribe: "Estas obras son especialmente necesarias ahora, para correjir i dirijir la opinion, i la accion en la formacion i direccion de las Escuelas públicas i sobre materias de educacion en jeneral. Llenas estan de sabiduría, i tanto abundan en conocimienios prácticos i valiosas indicaciones que las Comisiones de Escuelas i los Maestros sacarian mucho provecho de su lectura."

Mr. Philbrick, Superintendente de las Escuelas de Boston, escribe: "Los doce Informes de Mr. Mann, como Secretario del Consejo de Educacion, constituyen el mas valioso dijesto de literatura sobre educacion que haya sido producido por Americano alguno. Nadie que a este ramo dé importancia puede considerar completa su biblioteca sin estas obras. El volúmen de Lecturas de Mr. Mann sobre Educacion actualmente en prensa, es de mucha importancia para el Maestro i para el Educacionista, i ambos volúmenes serian un tesoro para los Maestros de la nacion. Debieran hallarse en todas las bibliotecas de escuelas como en las de los Maestros."

Las obras de Educacion a que esta Peticion se refiere, consistirán de dos volúmenes, de 570 pájinas cada uno, abrazando las Lecturas i los Informes completos. El precio de suscricion es tres pesos por volúmen.

En vista de las consideraciones que hemos presentado, i el concurrente testimonio que de tan ilustrados espíritus nos ha sido dado aducir, vuestros peticionarios reposan en la confianza de que el objeto de su peticion obtendrá la sancion i la gratitud del pueblo de Massachusets.

(Firmados.)

CÁRLOS SUMNER, *Presidente de la Comision de Negocios Estranjeros en el Senado de los Estados Unidos.*—GEO. E. EMERSON, *Educacionita i miembro fundador del Consejo de Educacion de Massachusets.*—HENRY WILSON.—JOHN ANDREW, *ex-gobernador de Massachusets.*—N. P. BANKS, *Jeneral i Senador de los Estados Unidos.*—THOMAS HILL, *Rector de la Universidad de Cambridge.*—H. L. DAWES.—WILLIAM B. ROGERS.—BENJAMIN F. BUTLER, *Jeneral i Senador de los Estados Unidos.*—EMORY WASHBURN, *Profesor de Harvard College.*—THOS. ELIOT.—CHARLES LORING.—W. R. WASHBURN, *ex-Gobernador de Connecticut.*—JOSIAH QUINCY.—GINERY TWICHELL.—GEO. H. SNELLING.

CORRESPONDENCIA.

Los estractos de correspondencia que siguen nos han sido en parte subministrados, por referirse todos al objeto de este periódico, como una muestra de la que en adelante llenará esta importantísima seccion. Formaránla estractos de nuestra correspondencia de Sudamérica, a fin de que en cada seccion americana se conozcan los progresos que se hacen en las otras. Los estractos que siguen, i cuya lectura recomendamos, muestran que ya tardaba en organizarse un sistema de proveer a la necesidad de contacto intelectual con los Estados Unidos, i de dar direccion útil al espíritu de mejora que estos estractos revelan.

ANNAPOLIS, Marilandia—ST. JOHN'S COLLEGE.—Marzo 21 de 1867.— He recibido su bondadosa carta del 16 del corriente i agradecido profundamente las manifestaciones de consideracion personal i de interes por mi nuevo trabajo, que ella contiene.

Así que haya logrado desprenderme de mis actuales compromisos, entraré en mis nuevas funciones, i enviaré entonces a V. todas las piezas i cuanto tenga relacion con la economía de este Nuevo Departamento ejecutivo.

Agradezco a V. mucho los volúmenes de Periódicos i libros sobre Educacion en la América del Sur, que satisfaciendo a mi deseo se ha servido remitirme.* Uno de mis primeros esfuerzos se dirijirá a hacer una reseña completa del estado de la educacion, sistemas, é instituciones, en los diferentes paises, tanto de Europa como de América. ¿ Podria contar con V. en la parte que se refiere a la America del Sur, a fin de obtener datos fidedignos ?

Espero tener el gusto de verlo el Domingo, a mi paso por Nueva York.

Con la mayor consideracion, HENRY BARNARD,

Comisario de la oficina de Educacion de los Estados Unidos.

---

* Monitor de las Escuelas, Chile.
Anales de la Educacion.—Buenos Aires.
Educacion Popular.—1 vol. Chile.
Educacion en el Estado de Buenos Ayres.
Las Escuelas base de la prosperidad i de la república en los Estados Unidos.
Educacion popular i los nuevos métodos de enseñanza.—Chile, Ortiz.

Cambridge, Mass.—Marzo 28 de 1867.—Mi estímado Señor: Recibí su carta ante ayer. He estado estos dias mui afanada con la desabrida tarea de coser; pero es este el tiempo mejor para abandonarse a la *réverie*, i mientras ajitaba la rueda de la máquina, me divertia en imajinar lo que haria con diez millones de pesos, si en lugar de Mr. George Peabody, yo fuera dueño de ellos.

Habia destinado en mi imajinacion un millon de pesos para fundar bibliotecas en Sur-América, un millon para medir la tierra, un millon para......V. diria lo que mas conviniese hacer. Su carta llegó cuando iba por aquí; pero aí! los diez millones habian desaparecido.

Su idea es capital i estoi con ella tan ocupada como V. Hablaré luego de este pensamiento a Mr. Hill, Profesor Agassiz, i a los Prof. Washburn i Gould que cuentan en el número de sus amigos i toman tanto interes en la educacion. ¿No habrá un departamento consagrado a la Agricultura?

Mi tiempo por dos o tres dias mas será consagrado a la causa de los Sordos-mudos de que le hablé antes. Mañana los Sordos-mudos tendran una audiencia * ante la Comision de la Lejislatura; paso preparatorio para elevar una peticion por una concesion de fondos para plantear la Escuela de Sordos-mudos segun el sistema de Miss Roger, i esta tarde aguardo a Mrs. Lappit de Providence i su hija que habla sin oir, i que deben pasar la noche aquí. Estoi contentísima con los rumores de que el Jeneral Paunero ha batido a Saa, i espero que sea tan completamente aniquilado como el Chacho.

Cuento con que el Dr. Gould le subministrará una relacion de su espedicion a Valencia, a donde fué, como V. sabe, a determinar la lonjitud por medio del Cable submarino. Nos envió entonces una interesantísima relacion de detalles sobre asunto que a todo el mundo interesa.

Los trabajos de Mr. Agassiz sobre la hoya del Amazonas serian tambien de sumo interes en aquella parte de América.—Mary Mann.

Tucuman.—Diciembre 10 de 1865.—.........Los detalles de las Escuelas los enviaré despues, junto con la mirada retrospectiva que me pides, aun cuando no me gusta mirar para atras en la oscuridad del pasado. Veré desacar de una oreja a la orilla las escuelas que hubieron en aquellas tinieblas, cuando se enseñaba a leer a tres niños en una cartilla. Edificios para escuelas, Dios los de! Recien este año me pondré en obra de hacer una digna del objeto, i que será buena, aun para contentarte a tí.—Jose Posse, *Gobernador de Tucuman.*

---

* Se trata de adoptar un nuevo sistema ya probado con écsito, de enseñar a los sordos mudos a entender por el movimiento de los lábios de la persona que habla; i a hablar ellos mismos cuando puedan emitir sonidos.

Burdeos (Francia,) Agosto 15 de 1866.—Hemos convenido entre algunos amigos en formar una escuela modelo ; i para esto es bueno no inventar, sino copiar la escuela norte americana,—copiarla en sus muebles, en sus libros, en su organizacion—copiarla moral i materialmente. Nadie mejor que V. puede guiarnos en esta empresa. Dígame V. lo que debemos hacer. Si, como no lo dudo, hai un librito impreso para guiar al que quiere establecer escuelas, que venga. Mándenos igualmente un precio corriente de muebles de escuelas, sillas i mesas, como las que introdujo en Buenos Aires. En fin, deme V. los elementos para electrizar a estos indígenas, i hacerles hacer una cosa buena, introduciendo los adelantos del nuevo mundo en el viejo. Si esto se consigue me llamaré Primer Descubridor i poblador de Europa.—Santiago Arcos, autor del rio de la Plata.

Señor Blas Bruzual, Ministro Plenipotenciario de Venezuela en los E. U.—Carácas Agosto 23 de 1866. Mui estimado amigo i señor.—No ha sido escasa mi delijencia desde que V. me encargó que le diese algun informe acerca de las cantidades que se invirtiesen en Venezuela en la educacion pública, i del número de niños que la recibiesen. Mas, apesar de mi deligencia para autorizarme a fin de dar a V. una cifra importante en ámbos sentidos, no he podido obtener sino tristes resultados : mucho mas cuando por el embolismo llamado política en que ha estado este pais por largos años, todo se ha descuidado para pensar solo en el azote de la guerra. Los documentos públicos sobre esta materia han dejado de formarse: la antigua direccion general de instruccion pública que centralizaba el asunto ha desaparecido ; i aun por las varias constituciones políticas que se han sancionado,ha venido a ser dudoso a quien competa el gobierno de este importantísimo ramo de las asociaciones modernas.

Durante al gobierno colonial no habia en Venezuela ninguna escuela pública de educacion primaria ; i solo como por obra de caridad la dispensaban en pocas poblaciones hombres benéficos que recibian en remuneracion escasísimos regalos de los alumnos. En el propio año de la Independencia, 1811, fué que se erijió en Carácas la primera escuela primaria costeada por la Nacion. Desde entónces, ni los españoles ni los que luchaban por la Independencia del pais, pensaron mas en tal materia.

Colombia en 1821, por lei de 2 de Agosto, mandó establecerlas en todas las parroquias que tuviesen cien vecinos, destinando a su sostenimiento las fundaciones particulares que hubiesen estado anteriormente afectas a este objeto, lo sobrante de las rentas de propios de los pueblos ; i por último, en defecto de estos imaginarios recursos, una derrama entre los vecinos. Tambien en el mismo año se mandó, por lei de 28 de Julio, que hubiese escuelas de niñas en los conventos de religiosas, lo que jamas llegó a mi noticia que se hubiese efectuado. En el mismo año se dió la lei, revivida despues en 1826, que suprimió los conventos menores de monges i aplicó sus bienes i rentas, no a la educacion primaria como debiera, sino a la científica i secundaria en colegios i universidades.

Sustancialmente, así habia tratado Colombia este importante objeto; pero cuando separada de ella Venezuela en 1830, confirió a las Diputaciones provinciales que creó en su constitucion el establecimiento, gobierno i direccion de las escuelas primarias por la atribucion 17 del artículo 161. Desde entónces, unas hicieron algo de consideracion en la materia, conforme a sus recursos, otras mui poco; i las mas la descuidaron del todo. Con esto los congresos generales se desentendieron del gobierno i fomento de la primera enseñanza, que con preferencia debe atenderse, i se contrajeron a fundar i protejer la secundaria i científica, estableciendo en todas las provincias Colejios nacionales, i aumentando las cátedras en las Universidades.

Como V. ve, descentralisada la enseñanza primaria i confiada a las ineptas diputaciones provinciales, difícil vino a ser la adquisicion de datos seguros i sucesivos de sus rentas i del número de sus alumnos. No obstante, una direccion general de instruccion pública que se estableció luego, hizo esfuerzos por reunir noticias para instruir a los Congresos; i de sus memorias es que he podido sacar los suscintos informes siguientes, solo hasta la remota época de 1844, porque con posterioridad la adquisicion de estas noticias vino a ser mas difícil por consecuencia de la guerra.

En dicho año de 1844, que es el que me ha suministrado mayor claridad, se consumió en la instruccion pública en general, inclusas las cantidades con que a los establecimiento contribuian los particulares, solo la miserable suma de 222,239 pesos 31c. De esta suma corresponden a la educacion científica 57,537 pesos 54c: a la secundaria 71,154 pesos 28c; i a la primaria 93,547 pesos 39c. Sumas que exhiben una lamentable desproporcion en contra de la interesantísima educacion primaria.

En el propio año habian cursado en las Universidades, 510 alumnos: en los colegios nacionales, 621; i en las escuelas primarias, 11,969: en todo 13,100 educandos.

Resulta pues, comparado el número de alumnos con el gasto hecho, que cada uno de los que han recibido educacion secundaria o científica, ha costado en un año 113 pesos 78c, al paso que los que la han recibido primaria ha costado cada uno solo 7 pesos 81c: lo que hace resaltar mas la desproporcion que dejo indicada, i evidencia la miserable dotacion de los preceptores.

Respecto a los años anteriores al de 1844, los datos son poco mas o ménos los mismos, notándose que la educacion no adquiria sino un mui ténue movimiento de progreso.

Terminada la guerra de la Federacion en 1863, los dos Congresos jenerales que ha habido nada han dictado ni podido dictar en este asunto, conferido como debe entenderse, a los gobiernos particulares de los Estados de la Federacion. Sin organizacion fija todavia estos, en contínuo vaiven sus autoridades políticas i administrativas, sin plan de rentas, i sin tranquilidad, en fin, nada sé que hayan hecho por el cardinal elemento de toda Nacion de instituciones liberales, es decir, por la enseñanza primaria de cuantos no puedan costeársela.

Si miserables son en toda Venezuela las rentas i recursos destinados a la educacion primaria, todavía es mas triste el que en toda ella no haya un solo edificio destinado en propiedad a tan sagrado objeto. Los Colejios nacionales de enseñanza secundaria gozan de los edificios de los antiguos conventos donde los habia, casi todos en mui mal estado ; i las escuelas primarias apénas tienen el uso de algun local en los mismos edificios.

En fin, amigo i señor mio, podemos decir que en este importante ramo todo está por crear entre nosotros que debemos avergonzarnos de los bellos progresos que en él ecshiben otras secciones de Sur-América.

Tengo el honor de ser como siempre su affmo amigo i atento servidor.

VALENTIN ESPINAL.

BUENOS AIRES 31 de Enero de 1867.........La Patria tiene mucho que esperar tambien de los modestos cuanto elevados propósitos que me manifiesta desear ver cumplidos en esta tierra. Si medio siglo antes, cada uno de nuestros pueblos hubiese tenido propagadores de la instruccion como base de las instituciones libres, no se encontrarian de seguro como al presente muchos de ellos presa de la anarquía.—MARCOS PAZ, *Vice Presidente de la Republica Arjentima.*

SANTIAGO (Chile), 26 Octubre 1865.—Me escriben que se ocupa de trabajos relativos a educacion para Sudamérica, y me piden a su nombre algunos documentos públicos que V. desea tener, i que le remitiré a la brevedad posible. Aplaudo mucho su propósito de V., porque a pesar de los años que tanto suelen modificar las opiniones, conservo entera y viva la fe, de que la buena organizacion de este ramo es el mas eficaz preservativo que puede oponerse a muchos de los males que esperimentan nuestros paises. V. ha hecho mucho en este sentido ; pero aun puede hacer mucho mas, consagrando una parte de su tiempo a presentar a estos pueblos el fruto de sus meditaciones y esperiencia. No abandone su pensamiento ni se desaliente por la consideracion de que las actuales circunstancias son poco adecuadas para ocuparse de este asunto. Cuántas de las desgracias que ahora lamentamos, se habrian evitado, si pueblos i gobiernos hubiesen prestado mas atencion a este primordial interes.—MANUEL MONTT, *Ex-Presidente de Chile.*

SANTIAGO DE CHILE, Dbre 9 de 1866.—Señor: Siempre he deseado ocuparme de la educacion popular, coadyuvando a su desarrollo en mi país.........

En cuando mis fuerzas me lo permitan, deseo introducir buenos testos, ya sea reimprimiendo de lo que ecsistan en castellano, en los Estados Unidos, o traduciendo de los magníficos que tiene esa nacion. He creido, pues, que V. admitiria sin sorpresa una comision de persona a quien no conoce, teniendo esta por objeto la educacion primaria, a la que V. ha dedicado una gran parte de su vida.

El servicio que tengo el honor de pedirle es que se sirva formar una lista de los testos para educacion que a su juicio sean los mejores que ecsistan en los Estados Unidos, sobre aritmética, lectura, historia, física, cosmografía, jeografía, instruccion para maestros de Escuela, áljebra, dibujo lineal, etc. Algunos modelos para Escuelas Públicas, con planos i especificaciones, modelos de muebles etc., etc., i todos aquellos libros que nadie mejor que V. puede saber que sean útiles para el objeto. Dicha coleccion se serviria V. enviar a John G. Meigs, 19 Wall street, que tiene órdenes al efecto.—FERNANDO A. GUZMAN, *Secretario de la Intendencia de Santiago.*

CARACAS.—Octubre 26 de 1866.—Señor: Lleno de fé i preparado para la lucha, con la conciencia de las dificultades que surjirán en mi empresa, me tiene V. en el árido terreno de la indiferencia, armado de paciencia i voluntad.

Mis primeros pasos han sido con el gobierno que en nuestros paises se mezcla en todo para hacerlo mal o no hacerlo. No es mi propósito que la revolucion en la educacion sea realizada por el Gobierno, sino que partiendo de las rejiones del poder, encuentre en él, ya que no un apoyo, por lo menos no un obstáculo.

Despues pasaré a la imprenta, i últimamente a los meetings i sociedades, para acabar de organizar la propaganda.

Por la prócsima ocasion mandaré a V. un dato estadístico que comprenda el número de escuelas comunales que ecsistan en la República; el número de niños que asisten a ellas; el de los maestros que las rejentean i la dotacion pecuniaria que las sostiene. Tambien me procuraré los decretos, resoluciones, etc., que desde la adopcion del sistema federal se hubieren espedido para fomentar, desarrollar la educacion popular.

Deseo que V. me mande una noticia, o un libro que contenga los datos siguientes: Sistema de enseñanza observado en los Estados Unidos para las Escuelas comunes; Organizacion de las Escuelas, Juntas que las administran i en fin un método claro del modo de ser allá de las Escuelas, para ponerlo aquí en práctica.—LEOPOLDO TERRERO, *Jeneral de Venezuela.*

LIMA (PERU).—Diciembre 20 de 1865.—Señor: Para que no le cause estrañeza la novedad de esta comunicacion, comenzaré por decirle que el

Sr. R. Vidal me ha animado a abrirla hablándome de su consagracion especial a promover la causa de la educacion en América....

En la reforma jeneral que ha emprendido el gobierno de esta República, me ha tocado dirijir una Escuela Normal de Instruccion primaria, i deseoso de adquirir las luces necesarias para trabajar con algun fruto, las solicito de V. sobre toda la materia i especialmente sobre estos puntos:

Núm. 1.° Hai en el Perú dos circunstancias que parecen obligarnos a dar escasa instruccion a los preceptores de la niñez; primera, la falta absoluta de ellos, la urjencia de formarlos; i segunda, haberse observado que tan luego como los jóvenes aprenden medianamente algunas clases, se colocan como profesores en las casas particulares de enseñanza que aquí abundan con el nombre de colejios.

....

Núm. 2.° Edad en que los alumnos maestros deben ingresar en la Escuela Normal.

Núm. 3.° Condiciones de los testos preferibles para la enseñanza de cada ramo.

Núm. 4.° Métodos i adelantos de ese pueblo en esta materia.—TORIBIO CASANOVA, *Director de la Escuela Normal.*

MENDOZA [REPUBLICA ARJENTINA]. — Agosto de 1865.—Uno de los recuerdos que conserva el que suscribe, es el de una distribucion de premios a los soldados del rejimiento número 4 de húsares franceses a la que asistió en la ciudad Limoges en 1833. Dieron lucidos ecsámenes i ejercicios en todos los ramos de enseñanza desde la lectura hasta la retórica, matemáticas superiores, música vocal e instrumental, siendo profesores únicamente oficiales del rejimiento, con testos mandados preparar por el Coronel........ Que vengan tratados de historia, de doctrina cristiana, muestras de letra inglesa, un curso de dibujo lineal i natural, una gramática castellana, una jeografía con bastantes pormenores sobre esta República, una historia de la misma, i unos consejos a los preceptores, i quedará completo el conjunto de testos.—BENJAMIN LENOIR, *Superintendente de Escuelas de Mendoza.*

SAN JUAN, Setiembre 6 de 1867.—Recien he conseguido el cajoncito que le remito conteniendo minerales, arcillas, etc.—Respecto del pichiciego [clamiferus] he sido menos feliz. Tengo esperanzas de mandarle uno con las pieles de condor, en las condiciones indicadas....

La educacion sigue progresando, i las Escuelas de los Departamentos crecen en asistencia de los niños i contraccion de los maestros. Tenemos una asistencia media de no menos de tres mil niños de ambos secsos [antes, de 1,800]. Por los datos que tengo de este ramo en las otras provincias, me consuela ver que estamos en primera línea. Buenos Aires con cerca de medio millon de habitantes no avanza de los 18,000 niños, que segun el Informe de 1860, habia en las escuelas entonces. Córdova con doscientos mil habitantes solo tiene igual número que nosotros, i las demas provincias muestran cifras deplorables. Córdova no destina mas que 2,000 pesos anuales para la educacion primaria.

Su recomendado Sr. Vicente Aguilera se desempeña admirablemente. Mucho le debemos. La Escuela Sarmiento que dirije ha tomado tal importancia que parece cosa importada de otros paises, i desde que está a cargo de la Inspeccion, todas las escuelas han mejorado. En la de la Trinidad con mas de doscientos alumnos, se distingue Avíla su director, i se enseña en ella francés, jeografía, i la aritmética en toda su estension. En muchas de las Escuelas de los Departamentos se ha introducido el estudio de la jeografía i la historia, i esto espontáneamente.

Pienso presentar a la Lejislatura un proyecto, creando una Direccion de Escuelas, i estableciendo un impuesto sobre los capitales de un dos por mil destinado a la educacion comun; mas ya con igual objeto se destina el impuesto sobre la plata en barra. El de herencias transversales, las capellanías se colocarán en el Banco para usar solamente de los intereses, e igual cosa se hará con las ciento veinte acciones que el Gobierno tiene en el ferro-carril central, todo ello administrado por la Direccion sin que entre al Presupuesto Jeneral. De este modo cuento asegurarle una renta de treinta mil pesos anuales, para el *rescate* de la barbarie.—Camilo Rojo, *Gobernador de San Juan.*

Buenos Aires, Diciembre 24 de 1866.—....Cuando por otra parte no he podido juntar el material que V. pide, porque los obreros han desfallecido en la empresa.... ¿ Cómo quiere pues que se lleve adelante esta benéfica propaganda, a la campaña, a los demas pueblos de la República, sin la cooperacion eficaz i alentadora de una sociedad?

La Biblioteca de San Juan ya está inaugurada i abierta en uno de los salones de la Escuela Sarmiento, segun me lo avisan el Gobernador i el Presidente de la Sociedad. Les estoi mandando ya remesas de libros; pero es deplorable detenerse, despues de emprendida la marcha por camino ancho, franco, i sin obstáculos.—Damian Hudson, *Presidente de la Sociedad Ausiliar.*

Buenos Aires, Enero 12 de 1867.—Señor: Cuando recibí su carta de V. fuí al Ministerio, i obtuve del Sr. Ministro el *American Journal of Education.* El año empieza bien para los *Anales de la Educacion.* El Gobierno de la Provincia ha doblado la subvencion, poniéndola como estuvo al principio de su fundacion. La Municipalidad de San Vicente, suscribe por doce ejemplares, i en el Tordillo hai once suscritores.

Por la casa de Hale remito fondos para que me suscriba al *American*

Journal de Mr. Barnard, al *Massachusetts Teacher*, *&c.* Estos libros formarán parte del archivo de los *Anales*, proponiéndome con su ausilio hacer una biblioteca, de manera que sean estos una palanca que puede aplicar cualquiera que en adelante se encargue de ellos....—Redaccion de los Anales.

Buenos Aires, Diciembre 24 de 1866.—He visto publicada en la *Tribuna* su carta a la Sociedad Rural.—He dado una Lectura en Quilmes, i propuesto la formacion de una Sociedad de Escuelas, segun sus indicaciones. En este otoño me propongo recorrer los pueblos vecinos, dando lecturas para promover asociaciones, i cuento inducir a Chivilcoi a invitar a todas las municipalidades de la campaña, para un meeting con el objeto de promover la educacion. Si no lo obtengo, le declaro que aun no estoi dispuesta a morirme de despecho como M. Moreno, ni de pesar como Belgrano, ni de reblandecimiento cerebral como Paz....

Hemos venido al mundo a luchar para vencer i no para dejarnos morir.

Asistí el pasado domingo a la reunion estraordinaria de la Sociedad Ausiliar de Bibliotecas. Juzgue V. de los efectos que en los ánimos va a producir el *informe* pasado por el Rector de la Universidad que verá V. publicado en la *Nacion Arjentina*. *Requiescat in pace!*

La Biblioteca de Chivilcoi se inauguró vigorosa i continúa recibiendo refuerzos de todas partes.—Juana Manso.

Paris, Setiembre 29 de 1866.—Monsieur: He leido con el mayor interés su carta; yo simpatizo completamente en ideas i sentimientos con V. en todo lo que respecta a la educacion. Es esta la grande empresa de nuestra época, i veo que en Francia empiezan a ocuparse de ella. Yo hago cuanto está a mi alcance para propagar buenas ideas, i su escelente libro me servirá mucho a este fin. Recibiré con gran placer los otros documentos que se sirva mandarme, porque creo que es llegado el momento de despertar la atencion pública sobre la educacion.

La idea de convocar en América un *meeting* de todos los maestros del mundo civilizado es nueva i orijinal i no dudo de que tenga buen éxito. Cuando se hayan fijado sobre ella, envíeme algunas indicaciones o programas, i yo trataré de estimular al público francés. Ahora mas que nunca la ciencia es cosmopolita, i es preciso borrar las diferencias de los dos continentes, difundiendo por todas partes la misma civilizacion por medio de la educacion i de la libertad.

Para mejor asegurar el resultado en Francia convendria dirijirse al Ministro de Instruccion Pública, Mr. Duhey, que está animado de las mejores intenciones i que ha hecho mucho en este sentido. No estaria distante de enviar delegados, pues es así como se hacen las cosas en Francia: los particulares carecen de iniciativa, i solo el gobierno obra. Nosotros combatimos esta mala tendencia, pero hasta segunda órden será bueno servirse de lo que se encuentra a mano, sin dejar de probar el otro medio. Por lo que a mí hace, bien quisiera hacerme parte; pero mi mala salud es un obstáculo a todos mis deseos. Si alguna vez pudiera contar con fuerzas suficientes, iria a Nueva York, no para causar *sensacion*, créamelo, sino para *ir a la escuela.*—Eduardo Laboulaye, *De la Universidad de Francia.*

San Juan, Setiembre 29 de 1866.—Toca la casualidad de escribirle esta, despues de concluir no ha mucho un ensayo acá en casa, de la segunda funcion dramática que debe representar mañana la compañía improvisada de Preceptores i ayudantes de escuelas, en favor de la educacion primaria, encabezada por Aguilera. Si mañana encuentro una esquela de invitacion, acaso se la incluya para que le dé mas detalles de este asunto, que considero le ha de interesar mucho. Por supuesto que el teatro es el salon de arriba de la escuela, infinitamente mejor que lo era antes el de abajo. Apropósito, el domingo nos reunimos la sociedad de la biblioteca popular en el salon del Sur del frontis de la misma casa, a sancionar los estatutos, i quedó instalada allí la biblioteca, donde habian ya dos hermosos estantes de cinco varas de largo por dos i media de alto, lleno ya uno de libros recolectados acá. Desde mañana o pasado quedará ya abierta al público. Tello es el bibliotecario.—Esta institucion tomará, creo, una gran importancia, mediante los ausilios de la Sociedad Ausiliar de Buenos Aires.—Soriano Sarmiento, *Diputado a la Lejislatura.*

San Juan, Abril 26 de 1865.—Despues de los acalorados debates que he referido, se sancionó el presupuesto provincial, i en el capítulo Instruccion pública figuran 14,000 pesos para dotacion de Escuelas; 5,000 para la Escuela Sarmiento; i 5,000 para reparacion i estraordinarios de las otras escuelas.—Cirilo Sarmiento, *Diputado a la Lejislatura.*

Chivilcoi [Buenos Aires], Noviembre 30 de 1866.—...... Ultimamente se ha instalado una Biblioteca pública por el sistema de las de los Estados Unidos, a cuya realizacion han contribuido en parte las ideas apuntadas en la carta al Sr. Krauser que motiva esta contestacion. En el mismo dia ha proyectado un reglamento de Escuelas comunales que se erijirán en todo el partido.

Esta Munacipalidad tendrá la satisfaccion de iniciar la suscricion por V. aconsejada al *American Agriculturist*, bien que seria mejor que se imprimiese en español allí, cosa que no perjudicaria a los editores, pues así circularia en todas las Repúblicas que hablan nuestra lengua.

Destinará tambien una suma anual para libros cuya compra recomendará al Representante de la República, facultándole tambien para contratar algunas maestras. Todo esto puede ser costeado de los lotes reservados, de que habla el artículo 4.° de la lei cuyo proyecto presentó V. en 1857.—Eduardo Benites, *a nombre de la Municipalidad de Chivilcoi.*

Córdoba (Republica Arjentina), Julio 30 de 1866.—Cumpliendo gustoso con el grato encargo que me tenia hecho hace algun tiempo el señor ex-gobernador de la provincia tengo el honor de dirijirme a V. i de adjuntarle, como lo hago por la presente:—Un ejemplar del Plan i Reglamento Jenerales de nuestras escuelas; uno idem del estado de ellas en forma de mapa; uno idem de mi Memoria de ellas, del año prócsimo pasado, como un recuerdo de la amistad que le profeso i para que se sirva darles el destino que mas estime conveniente como justo apreciador de esta clase de trabajos.—Juan Piñero, *Inspector Jeneral de Escuelas.*

Buenos Aires (Republica Arjentina), Diciembre 20 de 1866.—Nuestra escuela modelo cuenta ya cuatro héroes cuyas vidas fueron entregadas a la patria.—Domingo, el mas ilustre, Darragueira, Diaz i Ugalde. Ninguno de ellos pasaba de veinte años. En honor de su memoria i para recuerdo de su heroismo he mandado poner en los muros del salon principal cuatro tarjetones con sus nombres, para recuerdo i ejemplo de su gloria.—La educacion popular, entretanto, sino adelanta se estaciona, lo que no deja de ser un mal grave. El Consejo de Instruccion Pública de que formo parte, lucha en vano contra una situacion tan tirante, i lo que es peor, lucha con la insuficiencia de profesores.—Así todo trabajo se esteriliza, toda accion unida se pierde, i el Consejo se debate, se tortura por dar cohesion a tales elementos sin acertar, las mas veces, con el remedio. Por otra parte, los emolumentos son mezquinos, los locales en jeneral raquíticos i la asistencia de alumnos poco sostenida. ¿No habria cómo costearse quinientos maestros ó maestras de vocacion que nos curasen del mal que nos aqueja?—Algun dia, sin embargo, se curarán en algo estos males: no hai que perder la esperanza; si no lo vemos nosotros, es posible que lo vean nuestros hijos: solo se necesitan hombres de buena voluntad. ¿Será posible que el pais no los produzca?—Jose R. Perez, *Consejo de Educacion.*

Buenos Aires, Setiembre 10 de 1866.—Es pues por ello que venimos a pedir a V. E. su valioso contínjente de ideas i consejos sobre el desarrollo i prosperidad de la asociacion, así como el que se digne comunicarnos todo cuanto aplicable a estos paises encuentre en ese gran centro de progreso humano, poniéndonos desde luego en correspondencia e intermedio de publicaciones con todas las sociedades agrícolas de ese pais.

Hemos dado principio a la fundacion de nuestra biblioteca, destinando una parte de los pocos fondos de que podemos disponer, e invitando a todas las personas interesadas en el progreso de estos paises, a que contribuyan con las obras que creyesen útiles a nuestro propósito.

Con este objeto V. E. nos haria un verdadero favor si nos hiciera conocer todas las publicaciones i obras Norte americanas que a su juicio debieran hacer parte de nuestra coleccion, así como todas las novedades agrícolas, tanto en máquinas como en nuevas culturas, semillas introducidas, etc., seguro que la Sociedad le será altamente grata publicando todo cuanto V. E. quiera tener la bondad de enviarnos en los Anales de la Asociacion trimestralmente como lo dispone nuestro Reglamento, del que nos hacemos un placer en adjuntar a V. E. un ejemplar.—JOSE MARTINEZ DE HOZ, EDUARDO OLIVERA, *Sociedad Rural.*

———

BUENOS AIRES, Febrero 26 de 1867.—Al leer sus descripciones tan vivas sobre los campos inmensos de maiz que recorre, sobre los *elevators* i demas maravillas agriculturales que V. presencia en ese pais portentoso, creo que nuestros roles estan cambiados; V. deberia estar aquí al frente de este Departamento que necesita de la enerjía indomable de V. para sacarlo de la huella que sigue tranquilamente ha tantos años, i yo estaria mejor ahí para estudiar en los ejemplos de todos los dias los medios de sacar mejor partido de nuestras riquezas agrícolas i pastoril, pues que si desde cien leguas le cedo a V. el paso como educacionista, se lo disputo palmo a palmo como aficionado agricultor, horticultor, floricultor, etc. etc. V. no cuenta entre sus títulos en estos ramos, mas que la introduccion del mimbre i lo pongo en la misma línea que al Dr. Velez, que como V. observó, ha empezado su educacion demasiado tarde. Yo tengo el honor de haber introducido muchas preciosas flores que no se conocian entre nosotros, i que van siendo jenerales; he sido el primero que ha empleado la fuerza del vapor para hacer subir el agua del Rio de la Plata, i hacerla servir despues sobre las barrancas para regadíos como se hace en S. Juan, i espero que me ha de caber todavia la gloria de ser el primero que haga abrir nuestras tierras por el arado a vapor, en el que veo por la correspondencia de la Sociedad Rural que principia V. a creer. Oh! mi amigo! si yo tuviera los medios que V. me supone, otra cosa seria, i ya la esperiencia estaria hecha, i abierto, tal vez, un nuevo i vastísimo horizonte para nuestra industria que perece, si no se le abren nuevos caminos. Por desgracia somos unos pobres industriales, que hemos ido mas allá, acaso, de lo que debiéramos, llevados por el entusiasmo de lo bello i del progreso, lo que para muchas jentes por aquí es cosa parecida a locura, si no a algo peor. Luchamos con muchas dificultades, que espero hemos de vencer aunque por el momento agóvian i apocan el espíritu.

Mientras tanto, mi amigo, la época no puede ser mas propicia para tratar de producir un cambio en nuestras costumbres i en nuestra industria, que nos acercará a las condiciones de un país civilizado de que estamos tan lejos.

La industria de las ovejas, que hacia furor cuando V. estaba aquí, i ha sido el grande objeto de especulacion desde 25 años atrás, ha dado en borra o se ha *broceado*, como dicen por su tierra, del mismo modo que dejó de ser negocio criar vacas, cuando los terneros subian a precios elevados. La necesidad de liquidar muchos negocios que intereses ruinosos hacian insostenibles, la abundancia del artículo, la carestia de la tierra, a mas de otras causas, han traido las ovejas desde 45½ hasta 15 i 10 pesos i a este precio la industria ha dejado de ser provechosa. Es necesario, pues, que la industria i el cultivo salven al pais de esta crísis. Es necesario que en las inmediaciones de esta capital se establezcan intermediarios entre el productor i el consumidor, sembrando grandes alfalfares, i que cada estancia en adelante, se convierta en tantas pequeñas chacras cercadas i cultivadas cuantos puestos tenga. Por otra parte, el capital va a abundar sobremanera. La crísis viene hoi sobre los capitalistas que no tendrán rentas bastantes de su dinero para vivir. El Banco solo les paga hoi el cinco por ciento i antes de mucho no les pagará sino el tres. No habrá por mucho tiempo empleo bastante para el capital acumulado en los años de prosperidad anteriores, i como no hai otra industria que tal pueda llamarse entre nosotros fuera de la ganadería, tiene que buscar su camino en su direccion, perfeccionándola i haciéndola de nuevo productiva con la subdivision i cercado de los terrenos i su cultivo, que doblará su fuerza de produccion. Estamos, pues, en momentos de transicion, antes de mucho hemos de ver que se inicia un gran movimiento de progreso, que ha de doblar la capacidad actual de la República para admitir poblacion i centuplicar su riqueza. Lo que yo siento es no estar en situacion de anticiparlo poniéndome desde luego a su cabeza.

Me he estendido demasiado en estas consideraciones económicas pero que espero leerá V. con gusto por su aficion a las cuestiones que afectan profundamente a la sociedad i siempre es mas consolador en nuestro desgraciado pais mirar al porvenir para olvidar el presente. ¡ Qué espectáculo tan triste presentaremos mirados desde lejos !—EDUARDO COSTA, *Ministro de Instruccion pública.*

ESCUELAS EN SUR AMÉRICA.

DE ENERO Á FEBRERO, 1867.

De diarios del Rio de la Plata que tenemos a mano, estractamos lo que sobre ereccion de nuevas Escuelas encontramos. Esperamos tener la satisfaccion luego de enriquecer esta seccion con iguales datos de todas las otras Repúblicas, mediante la solicitud de nuestros corresponsales para enviárnoslo, tales como los encuentren publicados. El movimiento feliz que se nota en las poblaciones rurales de Buenos Aires, es el resultado de trabajos iguales al que emprendemos ahora, para dar buena direccion al patriotismo. Como se ve en los estractos siguientes, es la opinion, el vecindario el que está en accion. Esta seccion será en adelante la mas luminosa o la mas sombría pájina de AMBAS AMÉRICAS.

REPUBLICA ARJENTINA—BUENOS AIRES.

En medio de la guerra mas desastrosa que haya afiijido a una seccion americana, o cuando la disolucion amenaza a la sociedad misma, vése a la provincia de Buenos Aires consagrada espontáneamente a la ereccion de suntuosas escuelas por todo su territorio. Este fenómeno, al parecer inesplicable, se mostró en la guerra civil de los Estados Unidos. Cuando mayores eran los estragos i los peligros, mas abundantes fueran las donaciones particulares en favor de la educacion, i mayores las rentas colectadas. En Buenos Aires, dos veces la educacion ha dado pasos mas seguros durante la guerra que cuando la paz parecia invitar a proseguir por camino tan llano. Los árboles por una prevision de la naturaleza fructifican doblemente cuando se sienten morir, como si en su desesperacion tratasen de salvar su rasa. ¿Tendrá estos mismos instintos la civilizacion cuando se ve amenazada?

VILLA DE LUJAN.—La escuela pública de esta villa cuenta con 107 alumnos que concurren diariamente; i habiéndose apercibido la Municipalidad del partido, de la estrechez del salon en que aquella funciona, se acaba de dirijir al gobierno de la provincia pidiéndole que se dé mas ensanche a dicho salon.

Propone tambien costear los trabajos de esta obra con el producido de la venta de chacras.

Creemos que el gobierno debe acceder a esta solicitud; pues, la incapacidad del salon en que funciona la escuela de varones de la Villa de Lujan, es reconocida i de pública notoriedad.

NUEVAS ESCUELAS EN SAN ISIDRO.—Ayer se han inaugurado las nuevas escuelas que la Municipalidad del partido de San Isidro ha fundado en el paraje denominado "Los Olivos."—El acto fué mui concurrido, i cuenta desde ya el establecimiento de educacion para niños i niñas con 120 i tantos discípulos.

No pueden ser mas satisfactorios los resultados que obtiene aquella corporacion en su laudable propósito de fomentar i difundir la educacion.

Los directores del establecimiento son: para la escuela de varones el Sr. D. Manuel Dominguez i para la de niñas la señora de Lavaris, creemos que será nombrado inspector de él el Sr. D. Manuel Uribilarrea.

ESCUELA DE NIÑAS DE LA VILLA DE LUJAN.—No pueden ser mas satisfactorios para aquel Partido de Lujan, los resultados benéficos que recibe de la enseñanza primaria.

Hace apenas unos meses que la Municipalidad del Partido fundó una Escuela para niñas, cuyos gastos costea de sus fondos esclusivamente, i cuenta ya aquel establecimiento con ochenta niñas que reciben la mas esmerada educacion moral i relijiosa.

A mas de este establecimiento de educacion, ecsiste otro para niñas, costeado por el Gobierno i al cargo de la Sociedad de Beneficencia.

La educacion primaria es preferentemente atendida por la Municipalidad de Lujan, que dedica sus esfuerzos a su fomento i desarrollo.

BARADERO.—ESCUELA DE LA CAÑADA HONDA.—La Municipalidad del partido del Baradero ha sido la primera en llevar a cabo el pensamiento de fundar escuelas en despoblado. La de que nos ocupamos fué fundada por aquella corporacion en la Cañada Bellaca, que es un paraje céntrico del partido i a la cual concurrirán muchos niños de las estancias que estan pobladas a su alrededor; pero penetrada la municipalidad i el director de aquel establecimiento, de que sus discípulos estaban ya instruidos suficientemente en ramos de la enseñanza primaria a que se habian consagrado, lo trasladaron al paraje denominado Cañada Honda, a siete leguas del pueblo.

Esta escuela cuenta con treinta niños i rinde, bajo la direccion del caballero aleman D. Leopoldo Rasp, importantes servicios a la educacion.

ESCUELAS DE ZÁRATE, BARADERO, COLONIA SUIZA, CAÑADA HONDA, SAN PEDRO, SAN NICOLAS DE LOS ARROYOS, EXALTACION DE LA CRUZ I LUJAN. —El Inspector Jeneral de Escuelas acaba de visitar las de varones en los puntos arriba mencionados i la de niñas últimamente fundada en la Villa de Lujan por su Municipalidad.

En el Baradero funcionan tres establecimientos de educacion que se hacen notar entre los demas por la estension de su programa, así como la dedicacion i capacidad de sus directores.

Tenemos tambien los mejores informes del empeño i asiduidad que consagran a la difusion i mejoramiento de la educacion.

Es sensible que los esfuerzos del vecindario i de su Municipalidad no hayan logrado dar cima a los trabajos del edificio magnífico de Escuelas, mucho mas cuando el estado en que ha quedado la obra hace probable su destruccion i deterioro con las lluvias que azotan sus paredes.

Baradero.—La Municipalidad del partido del Baradero ha hecho reconocer por un injeniero el edificio que se levanta en aquel pueblo con destino a las escuelas públicas de niñas i varones, i el cual apesar de haber sido empezado a construir en el año de 1858, aun se encuentra en la mitad. Apesar del abandono a que ha estado librada esa obra durante el tiempo transcurrido, la parte de edificio construida, se encuentra en el mejor estado de solidez i aplomo.

Tambien la Municipalidad, que ahora se empeña en llevar a su terminacion aquella importante obra, ha hecho confeccionar un presupuesto del resto de trabajos que para ese efecto faltan; i este ha sido calculado en la suma de 15,000 pesos, de los cuales se encuentra dispuesta la corporacion a contribuir con 5,000 de sus fondos i recursos propios.

Si se agrega a esta suma aquella con que puede contribuir el vecindario, que como el que mas, debe estar interesado en la construccion de ese magnífico edificio, seria mui fácil; i por lo menos se la debia recomenzar que mas tarde seria mui posible arbitrar los medios con que terminarla.

Los vecinos del Baradero, su Juez de Paz i corporacion municipal no deben declinar del laudable propósito en que están empeñados.

Escuela pública de Zárate.—El Sr. D. Francisco R. Sosa, miembro de la comision de la obra de la Escuela de Varones del partido de Zárate, ha sido autorizado para recibir del Gobierno de la provincia la cantidad de 1,370 pesos que este acordó para el pago del déficit que resulta de aquella obra.

Biblioteca Pública.—A 4,343 han ascendido los concurrentes a la biblioteca desde 1866 hasta 1864.—Entre estos se han contado 1,265 estranjeros.

Este importante establecimiento posee 17,000 volúmenes, segun los datos que tenemos.

ESCUELA DE LA COLONIA SUIZA.—Este establecimiento de educacion que fué fundado en el Baradero por los Sres. Dr. D. Lino Piñeiro i D. German Frers, funciona ahora bajo la hábil direccion del profesor Wernicke i cuenta 61 discípulos—franceses, suizos i alemanes.—Los ramos de enseñanza ademas de la Geografía i de Música, son los mismos que en las demas Escuelas públicas.

Hai tambien otra Escuela Católica de la Colonia del Baradero, cuyos gastos son costeados por algunos de los suizos en union con el Sr. Cura Vicario del partido, por medio de suscricion.

Esta es dirijida por el profesor D. Adolfo Krause, i los 64 alumnos que concurren a ella estan en el mas satisfactorio estado de adelantamiento, pues asisten dos veces al dia—por la mañana i a la noche.

Los pobladores de la Colonia Suiza son 560 i estos educan a cien i mas niños, no dejando alguno sin los beneficios de la educacion.

Hemos de esforzarnos en obtener mas datos sobre la enseñanza primaria en aquel partido del Baradero, i nos apresuramos a hacerlos conocer de nuestros lectores.

CONCHAS.—Despues de ubicadas las cuadras i manzanas que el Gobierno ha concedido a la testamentaria de Dolz, con arreglo a las disposiciones sobre la materia, han de quedar prócsimamente cinco manzanas de propiedad municipal que en breve deben venderse en remate público, i cuyo producido creemos que se destinará para la construccion de un edificio para el Juzgado i Municipalidad, i otro para la escuela de niñas. La situacion de esos terrenos no puede ser mas pintoresca i ventajosa; pues estan sobre el caudaloso rio de Lujan.

En la escojida sociedad que anima a aquel pueblo, se disfruta de la mejor alegria. Todos los dias tienen lugar conciertos vocales e instrumentales entre las numerosas niñas que poseen el arte de Thalberg.

ESCUELA DE AMBOS SEXOS EN LA BOCA.—Nos dicen que el Departamento Jeneral de Escuelas se empeña en fundar una escuela de Ambos Sexos en la Boca del Riachuelo, que cuenta prócsimamente con dos mil niños i solo tiene cuatro establecimientos de educacion que son: el Colejio Municipal a cargo del profesor Dr. Froncini, el cual cuenta con 140 i tantos discípulos, entre ellos muchos mui pequeños: otro de niñas bajo la inspeccion de la Sociedad de Beneficencia con cerca de 100 alumnas: i dos escuelas mas, particulares.

Como se vé, pues, es necesaria la ereccion de otra escuela pública en aquella localidad; pues el número con que cuenta no corresponde a la cantidad de jóvenes aptos para recibir educacion.

Un nuevo establecimiento de enseñanza.—Llamamos la atencion de los padres de familia sobre el aviso que bajo el rubro de Colejio Politécnico i Mercantil se inserta en la seccion respectiva.

Su fundador, el Sr. Yansen, es un hombre intelijente, i de escelentes costumbres, acreditado en el majisterio que ejerció durante quince años en el Brasil, habiéndose hecho al paso un nombre como literato en aquel imperio.

Recomendamos al público este establecimiento, que sin duda alguna es una adquisicion valiosa para el pais.

Rojas.—La Municipalidad del partido de Rojas se ocupa con actividad de reunir los materiales con que ha de procederse a hacer las reparaciones que necesita el edificio en que funcionan las escuelas públicas.

Los trabajos de esta obra que está calculada en la suma de $1,750, serán sufragados por los fondos que dé a aquella municipalidad la venta de tierras públicas dentro del ejido.

Carmen de Areco.—Está ya para terminarse el edificio que con destino á la Escuela pública de niñas del Cármen de Areco, acaba de levantar la municipalidad del Partido.

Este bonito edificio ha costado en la totalidad 9,000 pesos, de los cuales el gobierno solo ha contribuido con 2,000.

La Corporacion Municipal con sus rentas propias ha hecho frente a esta importante obra, hasta llevarla al estado en que está.

Conchas.—Hemos visto con placer el magnífico plano levantado por el arquitecto Bunge, para la construccion del edificio que con destino á la escuela pública de Las Conchas se proyecta.

Si la municipalidad i el vecindario se decidieran pronto á empezar los trabajos de esta obra para mediados de este año, contaria con un suntuoso edificio público.

Su arquítectura será sencilla i elegante, i la solidez i bondad de sus trabajos hará preferir en él al citado aleman, para esta clase de construcciones.

El costo total de esa importante obra está calculado en 10,000 pesos.

San Pedro.—El edificio en que funcionan las escuelas públicas de San Pedro costó en su totalidad la suma de 15,000 pesos.—Como sirve para la escuela de varones i niñas, está dividido ; i cada uno de los dos cuerpos consta de un espacioso salon de 13 varas de largo por 9½ de ancho, a mas de 5 habitaciones para el preceptor.

A la escuela de niños concurren 70 discípulos.

San Vicente.—Los vecinos de San Vicente continúan esforzándose plausiblemente en la formacion de una biblioteca.

El Sr. Godoy que ha tomado con tanto empeño este asunto, va a presentar a sus vecinos los estatutos del establecimiento.

Departamento de Escuelas.—Se necesitan algunas jóvenes que sepan leer i escribir correctamente, de la edad de 14 años adelante, para ocupar el puesto de ayudantes en varias de las escuelas del Estado.

Las que se consideren aptas se presentarán al departamento, advirtiéndoles que tendrán obligacion de asistir a la Escuela Normal.

Tandil.—El edificio en que funcionan las escuelas públicas del partido del Tandil fué proyectado en Julio de 1865 por el Sr. Don José Zoilo Miguens, Juez de Paz entonces de aquel distrito.

Fué aprobado el plano i presupuesto del edificio cuyo costo se calculaba en 15,000 pesos; i acordó el gobierno contribuir para construccion con las dos terceras partes de su costo total ya presupuestado.

Escuela de San Nicolas de los Arroyos.—El edificio que se ha levantado en la ciudad de San Nicolas de los Arroyos para la escuela de varones, es magnífico. El salon en que ésta funciona consta de 18 varas de largo por diez de ancho.

Las cantidades invertidas en la construccion del edificio han hecho un total de 15,000 pesos. Es doble, tiene un pórtico espléndido con escalinatas de mármol.

Los niños que concurren a aquel establecimiento de educacion, bajo la direccion del preceptor Don Leopoldo Grillo, ascienden a 110.

Ademas de los ramos de la enseñanza primaria, hay clases de francés i geografía en aquella escuela.

BIBLIOGRAFÍA.

La materia de esta seccion es vastísima, i tendrá por objeto hacer una reseña de los libros que se publican en España i América ; de los que se imprimen en castellano en Francia, Béljica i Estados Unidos, i en particular los que son aplicables a la enseñanza o hacen falta en ella.

Es importantísimo hacer conocer en la América del Sur, aunque sea traduciendo los títulos, los libros que durante el mes publican las prensas de los Estados Unidos, nacionales o traducidos, o bien reproducidos de los que se imprimen en Inglaterra. Si no fuese mas que para hacer sentir la actividad intelectual que prevalece en el mundo, este trabajo seria de interés ; pero háilo real en conocer las materias de que los nuevos libros tratan, por lo que muchos desearian poseerlos.

LIBROS EN CASTELLANO

PARA LA AMÉRICA DEL SUR.

El estudio mas fecundo en resultados a que pudiera consagrarse la paciente indagacion del bibliófilo sudamericano, seria la de verificar no solo el número de obras que circulan en castellano en América, las materias de que tratan, el oríjen de donde proceden, sino lo que pareciera a primera vista de poca monta, la *época* en que fueron escritas orijinalmente. ¡ Qué descubrimientos sorprenderian al curioso, qué vacíos encontraria el amante de la civilizacion, i qué revelaciones para el público en jeneral ! Si por conclusion de este ecsámen, el investigador dijese : no hai libros de actualidad en castellano ; estamos a oscuras sobre las transformaciones que las ideas i nociones aceptadas han sufrido en estos últimos años, i aun la lectura de la historia nos está prohibida, si hemos de atenernos para conocerla a los escasos libros que corren impresos en nuestra lengua! . . . . . ¿ Qué diria de ello el público ?

Un hecho práctico hará palpable esta verdad. La calle Washington en Boston es el emporio de los libros. Como bodegones i tiendas en las otras, en esta predominan las librerías que proveen de alimento al pueblo de la tierra que mas papel impreso consume. En las aceras, vénse libros en paquetes con el tentador número $5, $3, puesto sobre colecciones de ocho o diez tomos. El curioso no resiste a la provocacion ; se acerca i lee : "Obras completas de Robertson, 8 vol., $4 ; Gibbon, $3 ; Hume, $2." Si tentado por esta escesiva baratura de las obras de aquellos grandes historiadores, penetra en el interior del palacio de los libros i pide el precio de Macauly, otro historiador inglés, se queda estupefacto al oir que vale 7 pesos el volúmen de la reciente edicion de sus obras, completa en ocho tomos. Cincuenta centavos volúmen, Robertson, siete pesos, Macauly ! I sin embargo, Robertson era no ha mucho tenido en Inglaterra por el historiador clásico en su lengua, como Hume i Gibbon habian ocupado antes un lugar prominente en la literatura nacional.

Procede esta diferencia de que la historia como ciencia i como arte, se ha echado por nuevos senderos, abierto nuevos caminos i sacado, digámoslo así, su forma de los marcos que le traian deparados la imitacion de los grandes modelos clásicos, griegos i romanos. Ante el nuevo criterio, las antes tan acatadas historias de Gibbon, Robertson, Hume, son meros romances en cuyas aseveraciones no tiene fé el lector comun, i solo quedan ya como documentos o antecedentes que habrá de consultar el erudito en las Bibliotecas públicas destinadas a atesorar libros como en un archivo se guardan los títulos de propiedades que ya han cambiado de dueño, forma u objeto. Lo que pasa en el terreno de la historia acontece en todo ramo del saber humano. Buffon, Linneo, Cuvier i los grandes luminares de las ciencias naturales, ni citados son hoi, sino para mostrar los estraordinarios pasos que las ciencias que crearon han dado desde entonces. ¿ Quién ha olvidado el lugar que ocuparon en la mente humana i en la lectura de los amantes de novedades, Voltaire, Rousseau, Diderot i toda la grande escuela del siglo XVIII ?

¿ Imajinaríase nunca el clásico Boileau que llegaria un dia en que nadie leyera sus preceptos ?

A la literatura del siglo XVIII siguió la literatura que llamaríamos revolucionaria i napoleónica. Donde quiera que haya una pequeña biblioteca en Sur América se encontrarán *Las campañas de Napoleon*, *El diario de Las Casas*, *El Gran Ejército*, *Memorias de Santa Helena*, i apenas hoi cesa por todos aquellos paises el eterno asunto de la conversacion entre la jente leida sobre las glorias del grande hombre, el mas grande de todos los siglos, i la iniquidad i merecido fin del carcelero i verdugo Sir Hudson Lowe, digno instrumento de la *pérfida* Albion. Pero si el libro existe, ocupa el mismo lugar que los cuentos de hadas.

Paul de Kock, Eujenio Sué i ambos Dumas han empuñado sucesivamente el cetro del reino de los libros en las bibliotecas particulares en Sur América, con poquísimos libros útiles escritos en estos últimos diez años, ya sean orijinales o traducidos. Si fuéramos a buscar en aquella calle de Washington en Boston, de que hablamos antes, los contemporáneos de aquellos libros que forman el fondo de nuestras bibliotecas, el librero nos daria las señas de ciertas calles escusadas en donde en zaguanes, i aun al aire libre, se esponen al público en interminables estantes, aquellos tesoros de moneda con poca circulacion. Los estantes tienen cada uno un número, que indica el precio de cada uno de sus libros, cualquiera que sea el autor que lo escribió, 25 centavos, 50 centavos ; mui rara vez mas de un peso obras de grandísimo mérito, que lo fueron ahora veinte años, i que vienen a parar a estos osarios. La calle Nassau en Nueva York es célebre por esta clase de librerías. Háilas tan colosales que todas las públicas de la América española no les aventajarian, ni en número ni en materia, pues casi siempre se encuentran en ellas las mas raras obras que se han publicado sobre la América del Sur.

Esta manera de estimar los libros es, sin embargo, la única que puede esplicar el estado deplorable de la América del Sur en materia de lectura. Los libros que aquí ocupan las bodegas, desvanes o baratillos al aire libre, son los primos hermanos, sino son los mismos, que ocupan los ricos estantes de toda biblioteca de salon, faltando allá lo que aquí, como en Inglaterra, Francia i Alemania abunda, millares de libros publicados en estos últimos diez años, i que no tienen representantes en la lengua española : mas todavia, centenares de novelas que estan en mostradores con los periódicos ilustrados i revistas a la puerta de cada hotel, a la vuelta de cada esquina o a la entrada del paradero del ferrocarril para proveer de lectura amena al pasante o al viajero, en prevision de algunas horas de espectacion.

Si pues como sujeríamos al principio, los estudiosos en aquellos paises se consagrasen a clasificar los libros por fechas de edicion, encontrarian mas o menos estos resultados : literatura española anterior al año 1820, i primero del renacimiento español, de que el impresor Rivadeneira está publicando una completa coleccion, para archivarla en toda biblioteca de alguna importancia; materia toda de estudio para el erudito o el hablista, pero fuera ya del círculo de ideas de nuestra época. Dejamos a un lado a Larra, Espronceda, Zorrilla, Breton de los Herreros, Martinez de la Rosa, que forman un capítulo aparte.

Vienen los libros traducidos, i de estos se compone el grueso de la falanje.

Estuvieron en voga *Pamela Andrews*, *Clarisa Harlowe*, las *Novelas de Walter Scott* i otras inglesas que ya no tienen lectores. Olvidemos toda una familia de libros que tradujeron Marchena i otros, i ya hemos dado indicaciones de las traducciones que las han reemplazado.

En historia, se ha traducido de los modernos a Prescott, i pasan por historia de España algunas compilaciones modernas; pero no es historiador el que emprende escribir una historia, como no es poeta el que hace versos. Los historiadores se llaman Macauly, Motley, Guizot o Thiers, i si no hubiesen escrito una historia se habrian quedado siempre Thiers, Guizot, Motley, Macauly. Sírvanos esta pauta para presentir por la carátula lo que un libro de este jénero ha de contener. Leemos siempre bajo la fé de un nombre, como aceptamos la moneda por su efijie.

Nuestro ecsámen a vista de pájaro nos ha dado ya un resultado, contra las nociones prevalentes en los pueblos que en hechos e ideas se van quedando antiguos en medio de los pueblos modernos. El libro no vive hoi mas de diez años. Es tan activo el trabajo de la intelijencia en nuestros dias, tan asombrosa la revolucion que la crítica, i las ciencias esperimentales estan haciendo en las ideas recibidas, i en los hechos aceptados, que no queda un ramo del saber humano, sino son las matemáticas, que no se transforme o adquiera dimensiones para las que le vienen estrechos todos los libros en que estaban espuestos al parecer de sus autores, en formas inalterables.

Tráenos esto a la memoria el hecho de un jeneral sudamericano que se proponia escribir un tratado sobre artillería. En 1850 teníalo casi acabado, i esperaba solo aclarar ciertos puntos para darlo a la estampa. Apareció un tratado sobre esta arma, escrito por Luis Napoleon, i se propuso añadirle las nuevas sujestiones indicadas por autoridad tan competente; pero sobrevino la guerra de Crimea, i la resistencia opuesta al proyectil por el nuevo sistema de defensa requirió retocar un capítulo. Apareció el cañon Armstrong, que mas que con las murallas, daba en tierra con la mitad del libro; i le sucedieron el Parrot, el Dalghren, los de quince pulgadas, i los de mil libras, los de acero de Prusia, i una revolucion completa en la teoría, el calibre, i el alcance del cañon, que se convierte ya en máquina de arrojar torrentes de hierro, movida por el vapor, como las otras máquinas que construyen alfileres o taladran las montañas. ¿Qué hacer con el libro orijinal, comenzado ahora diez años? Ni el autor pudiera leerlo ahora. Esto sucede en las ciencias, aun en las reputadas ecsactas i mucho mas en la historia, en presencia de los resultados de la crítica, la filolojia i las inscripciones descifradas, en la jeografía a consecuencia de los cambios políticos que a nuestra vista esperimenta el mapa, o los viajes que lo completan.

¡ Qué momento para treinta millones de hombres que hablan la lengua castellana en América ! Acaso pudieran darse por bien servidos en no haberse dado prisa en lo que va corrido del siglo, en acometer la obra de hacer pasar a su idioma los libros de mas nombradía en los otros. Tendrian hoi como la Inglaterra i la Francia, con los progresos, o mas bien con el trastorno radical introducido en la construccion naval, por el vapor i las corazas de hierro, que volver a gastar los sendos millones que tenian invertidos en cascos de madera, para ser movidos a vela.

El mas grave inconveniente que se opone a la difusion de buenos i modernos libros en América está donde mas se sentiria la necesidad de hacerlo desaparecer. Es un hecho curioso que nota el viajero en los Estados Unidos, que ni el francés ni ningun otro idioma vivo entra como parte esencial en la educacion de los hombres, mientras que es mui comun entre las mujeres. El idioma inglés es tan rico de producciones del trabajo de la intelijencia, i el pueblo que lo habla tan adelantado en gobierno, industria, agricultura, ciencia i comercio, (sin olvidar que son los de su lengua los viajeros i misioneros por escelencia) que los libros de otras naciones son solo materia de erudicion, o huéspedes bienvenidos i en el acto revestidos del ropaje nacional, cuando su fama los precede i la inmensa platea de sesenta millones de anglosajones, pide que se presente en las tablas, para oirlo i aplaudirlo.

No sucede así en la América del Sur. La parte educada de la poblacion, aprende antes de todo frances e ingles, exijiéndolos las Universidades como estudios preparatorios, para ensanchar el campo del estudio. En Europa son tenidos por polígIotos los americanos del Sur, a causa de esta comun aptitud.

Este espediente que remedia un mal nacional para los estudiosos, reagrava i prolonga el mal mismo para la masa de los pueblos sudamericanos. O se enseña ingles i frances en las escuelas primarias, a fin de poner al alcance de todos las nociones útiles i las ideas de la época, o queda establecida una clase educada i apta para recibir instruccion, una aristocracia del saber, como las hai de nobleza de sangre en otras partes.

Con los libros que actualmente circulan en la América del Sur en castellano, no puede civilizarse nacion alguna ; i los que de su pasada literatura nos ha legado la España, como que fueron el resultado de movimientos del espíritu en otra direccion que la que lleva en nuestra época, nada, si no es por la formacion del lenguaje, puede interesarnos hoi.

Para la comprobacion de estas tristes verdades, que a nuestra raza se ocultan, necesitariamos analizar todos los catálogos de bibliotecas i librerias, a fin de clasificar los libros, segun su grado de interés i utilidad presente. Esta obra ha de hacerse con el concurso de todos los bibliógrafos americanos, sin que les arredre su magnitud aparente. *Innumerables como las estrellas del cielo*, es el término vulgar de comparacion ; i sin embargo, cuando se ha emprendido contar las estrellas visibles a la simple vista, se ha encontrado que son menos que los individuos de un rejimiento de infantería. No pasan de tres mil. Así son nuestros libros.

Daremos el ejemplo, principiando por un documento oficial, publicado en 1851, como lo es el *Reglamento i catálogo por órden alfabético i de materias de la Biblioteca del Senado en España*, que era la antigua Biblioteca de Córtes, con 13,000 volúmenes. Una comision mista de Senadores i Diputados clasificó por materias, aquel vasto caudal de conocimientos. La clasificacion está hecha con acierto ; fijando con prolijidad la data de la impresion, el lugar en que fué hecha, el idioma, i si es traducida. Al pié de las que lo necesitan hai una nota esplicativa, jeneralmente encomiástica de su mérito, no obstante que muchas de ellas por lo antiguo de su edicion, sino se les mira como curiosidades, o lo oscuro de sus autores cuyo nombre fué olvidado con el libro, habria sido mejor pasarlas en silencio. A estos libros aplicaremos nuestro cartabon.

POLÍTICA, LEJISLACION, JURISPRUDENCIA, ADMINISTRACION, ESTADÍSTICA, ECONOMÍA POLÍTICA I COMERCIO DESDE PÁJINA 232 A 384.—538 obras, como sigue :

Desde 1600 hasta 1810 (anticuados). . . .	276
En idiomas estraños	143
Traducidas al castellano.	12
De 1810 adelante, orijinales.	107

Las obras traducidas lo son de libros del siglo pasado ; i lo que es mas notable, las que estan en otros idiomas lo son igualmente. Entre traducidos i orijinales no se encuentran sino dos libros ingleses (anticuados) no obstante que en las ciencias de gobierno, economía i comercio, aquel idioma sea el mas rico i digno de ser consultado. Los papeles azules ingleses, las leyes de los Estados Unidos, merecian un lugar en la Biblioteca de un Senado. Acaso era poco comun la lengua inglesa en España hasta 1851 en que se publicó el Catálogo.

De los cien escritos que de 1810 a esta parte, cuenta la Biblioteca, son muchos anticuados en lejislacion por haber codificado posteriormente sus leyes la España, i los demas, son escritos de circunstancias, folletos, reglamentos, etc. Mui útiles en los archivos de un cuerpo lejislativo, creemos que en España misma no serán ya leidos. En América no pasarian de tres las obras que interese de entre estas leer.

Filosofía, Literatura i educacion.—308 obras como sigue:

En estrañas lenguas	169
Traducidas	28
Anticuadas	94
Modernas de 1810 acá	17

Ni un solo libro en inglés, i las traducciones son del siglo XVIII i aun del XVI i XVII, escepto una de 1831 i dos o tres de principios del siglo. Muchos libros mas recientes deben faltar en esta Biblioteca, pues se echa de menos, cuantos pudieran leerse en castellano, si bien en un proemio a un apéndice de 1853, el cataloguista dice : "Los Senadores inspectores han puesto el mayor cuidado en la eleccion de las obras, adquiriendo las que dentro i fuera de España han llamado la atencion, o por la celebridad de sus autores, o por su mérito intrínseco." No valen un ardite, sin embargo, las tres o seis obras que añade a tan desmedrada coleccion, lo que prueba cuán pronto envejecen los libros.

Historia, Cronolojía, Arqueolojía, Heráldica, Memorias, Biografía, Anales i Bibliografía.—Este capítulo cuenta 597 obras, la mayor parte de historia, en esta forma :

Obras en otras lenguas.	235
Traducidas	33
De este siglo desde 1810.	13
Anticuadas	216

La historia como hemos visto antes, ha sufrido mas aun que ningun otro trabajo del espíritu, con los nuevos progresos de la crítica. ¿ Qué seria la historia en España, bajo reyes despóticos i la Inquisicion ? No queda pues un libro digno de leerse en español. Robertson, Motley, Prescott han escrito monografías. No tenemos otras. De las diez i siete publicaciones hechas en España, segun el Catálogo del Senado, i cuyo mérito no conocemos, ninguna es lejible en América, aunque lo sean todas en España, pues se refieren a cosas i hechos esclusivamente de la Península.

GEOGRAFÍA, COSMOGRAFÍA, TOPOGRAFÍA, VIAJES, CARTAS I ATLAS:

Obras (sin las cartas de una hoja)	182
Escritas en otras lenguas, principalmente en francés	123
Traducidas (anticuadas)	3
Inútiles por envejecidas	41
De principios de este siglo envejecidas. . .	9

Del Diccionario jeográfico, estadístico, histórico de España i sus posesiones de Ultramar, publicado por Madoz, dice la nota al pié : "La obra es digna del mayor elojio i la única completa que poseemos."

Los viajes en gran número son franceses, i como si pesara una proscripcion sobre el inglés, que es la lengua de los viajes, uno solo no se encuentra de este oríjen, sino es el de Drake traducido.

CIENCIAS FÍSICAS I MATEMÁTICAS, ASTRONOMÍA, NÁUTICA I COMUNICACIONES INTÉRIORES POR TIERRA I AGUA.—El título promete ! Obras, 114 :

En idiomas estranjeros.	53
Traducidos	7
Anticuados	33
Tratados elementales de aritmética, áljebra, jeometría en este siglo.	18

Por mas que el título lo diga, no hai una sola obra de astronomía, ciencia que tantos progresos ha hecho últimamente.

AGRICULTURA, MONTES, INDUSTRIAS, MECÁNICA, MINERÍA, TIPOGRAFÍA I CALIGRAFÍA.—Las ciencias del trabajo, de la riqueza !—118 obras.

Obras orijinales en este siglo	15
Traducidas	7
En lenguas estrañas	45
Anticuadas	51

El *American Agriculturist* posee mas libros i mas modernos i aplicables a las necesidades actuales que toda esta lista.

CIRUJÍA, MEDICINA, FARMACIA, VETERINARIA I CIENCIAS NATURALES.

En lenguas estranjeras.	93
Traducidas	15
Anticuadas	60
De este siglo	12

Los títulos de estas últimas darán idea de su importancia : *Discurso sobre la vacuna ; Refutacion de Broussais ; Prontuario de Química; Barrillas de España; Cria de caballos; Otra idem; Hospitalidad domiciliar; Salud pública* [*proyecto*]*; Fiebres biliosas; Aguas medicinales; Farmacéutica.*

El lector americano nos agradecerá que le ahorremos atravesar por las catacumbas de este Catálogo, en que se hallan momificadas *obras relijiosas, historia sagrada i eclesiástica, sermones, oraciones i vidas de Santos,* tales como las produjo la España de los Felipes i de los Torquemadas ; como pasaremos por un último capítulo sobre *Arte militar* i *Esgrima* que no viene al caso.

No pretendemos que la Biblioteca del Senado contenga todos los libros en nuestra lengua. Despues de 1853 a que alcanzan los catálogos, mucho se ha impreso en España ; pero no debemos olvidar que en Inglaterra i Estados Unidos se publican cada año mas libros que todos los que la Biblioteca del Senado contiene antiguos, modernos, estranjeros i traducidos.

Al examinar las fechas de los libros de que nos venimos ocupando, si hubiéramos de estar a los del Catálogo, notaríase que el pensamiento español era mas activo que hoi en los siglos XVI i XVII ; i se mostraba mas solícito en traducir, i procurarse libros de las otras naciones en el XVIII que lo que se muestra al presente. Casi todos los libros franceses e italianos catalogados, i los traducidos son de aquel siglo. No hai un solo ejemplar de libro en aleman, i en cuanto al inglés, de antiguo, i aun ahora, parece proscrito.

En América los libros ingleses circulan mas, por la jeneralizacion que merced al comercio i las instituciones libres va adquiriendo su lengua. Sabemos por los Sres. Appleton que Buenos Aires es un buen mercado para ellos; pero tanto en España como en América la nacion, la jeneralidad no puede beber en estas saludables fuentes.

Basta i sobra con lo dicho para mostrar a los espíritus desprevenidos la situacion de las ex-colonias españolas en cuanto a medios de mejorar de condicion, haciendo penetrar en su vasta estension los conocimientos que ya son, como el *sentido comun* de las naciones civilizadas.

Los medios que han de tocarse para hacerlo fácil, serán el blanco especial de esta publicacion, ofreciendo un vehículo, para que no solo una idea comun se difunda en toda la América, sino que cada seccion americana encuentre camino espedito para hacer apreciar en las otras su propia accion. ¿ Cómo se sabria en Chile lo que en Méjico o Venezuela se adelanta en este sentido ? ¿ Cuál es el órgano que pudiera poner en contacto el Rio de la Plata con Nueva Granada ? I sin embargo, la necesidad es comun a todos estos paises, el remedio reclama para ser eficaz que obre a un tiempo por toda la estension de la América del Sur. Ninguna de las Repúblicas sudamericanas, con el número de hombres educados o educables que cuenta, puede asegurar la edicion de un libro de cierta estension.

Este es un hecho palmario, i que ha de tratar de correjirse, si han de evitarse sus funestas consecuencias. Fácil seria averiguar de los libreros en un Estado sudamericano cuántos ejemplares de un libro importado, sino trata de derecho, o sirve a la enseñanza en Colejios o Universidades, se han vendido en cinco años. La *Historia de América* por Prescott puede servir de piedra de toque. Creemos que el resultado demostraria que un Estado sudamericano no tiene un número suficiente de lectores, *habituales*, para responder, mercantilmente hablando, de la edicion de un nuevo libro. Esta es la creencia jeneral de los libreros editores de Nueva York, i a juzgar por los pocos que lanzan al mercado las imprentas de Francia i Béljica, donde se fabrican los libros mas usuales en español para la América del Sur, mui probada deben tener esta verdad.

Si de toda la América, pues, se obtuviese indicaciones suficientes para basar especulaciones de comercio, como lo son simplemente la edicion de libros, la industria de la imprenta de los paises en que está adelantada, se lanzaria en esta via nueva, esperando que ensanchándose con el movimiento, llegaria en poco a los ricos placeres i veneros de riqueza que prometen veinte millones que hablan una lengua en América, i consumirán cada dia, ideas, nociones, conocimientos que es la materia de su tráfico.

Campo vastísimo abriria en toda la América del Sur este trabajo a hombres aptos i competentes en la materia que hoi se malogran o estravian. Eterna es la disputa en España i en América sobre la propiedad o pureza del lenguaje que cada cual usa al emborronear papel. Al observador estraño le vendria la idea que se habla de una lengua como el griego, tal es la diverjencia de las opiniones. Para nosotros este bullicio nos hace el efecto de las piedras del molino que, a falta de grano, se estan moliendo a sí mismas. Esos escritos que tanta crítica suscitan, como los que se pavonean como irreprochables, dentro de diez años, todos, ai ! todos se hallarán en el cesto del trapero. La jeneracion que nos sucede, no hallará que leer en materia tan pobre de ideas i de pensamiento.

Donde esas galas del bien decir tendrian honroso i lucrativo empleo, seria en la correcta i elegante traduccion de obras de mérito, con que dotar de lo que su a lengua escasea hoi, en América, de alma, que sujiera la verdadera palabra. Los Bellos, los Irizarris, los Garcia del Rio, tendrian entonces sucesores dignos en las empresas que pueden acometer; i la América entera conoceria por este medio, i en su propio provecho, nombres que apenas le llegan en producciones de que con razon hace poco caso. Honor i provecho, he aquí la recompensa del conocimiento de la lengua, convertido *en trabajo*, que es su forma útil, como la física ha descubierto que el trabajo es una simple transformacion del calor que a su vez es parte de la luz, que trabaja tambien por su cuenta en las plantas i en la plancha fotográfica.

Un movimiento, pues, debiera escitarse en esta direccion, i ya vemos que en las márjenes del Rio de la Plata o al pié de los Andes algo se ajita para difundir los libros ecsistentes. De aquí la sencilla idea de las Bibliotecas, que en los Estados Unidos i hoi en Francia principian al lado de la Escuela, i tomando todas las formas, desde la aldea suben hasta el Capitolio.

El Estado de Nueva York emprendió hace veinte años, redactar una biblioteca entera adaptada para niños. El resultado no correspondió al objeto, despues de plenamente realizado. Mas osado o mejor aconsejado Massachussets, trató a los niños cual si fueran hombres, i puso a su alcance las obras capitales en la lengua, las mismas que escitan la admiracion, o enriquecen la mente de sus padres. El écsito ha sido completo, i ha dejado zanjada una cuestion, a saber, que como el mahometano repite : "no hai otro Dios sino Dios," puede decirse : "no hai otros Libros, sino los Libros, tales como los escriben los injenios luminares de la humanidad."

Nosotros los sudamericanos, añadiríamos al testo un comentario. Para la América del Sur, no hai libros orijinales. Todos los grandes libros del mundo son los suyos.

Es rasgo característico de la prensa norteamericana dar cuenta diaria de los libros nuevos, aun cuando no sea mas que para anunciarlos bajo el epígrafe *New Publications.* Cuatro mil veces, puede decirse, aparece por dia el nombre de la nueva publicacion, en los cuatro mil diarios i semanarios que circulan. Hemos buscado con ahinco en los diarios sudamericanos que nos llegan, el anuncio en cada uno de sus Estados de los nuevos libros; i rara vez hemos encontrado indicacion de su ecsistencia, ya sea porque no los hai en efecto, ya porque habiéndolos la prensa se cura poco de popularizarlos.

El *Westminster Review* de Lóndres es reimpreso en los Estados Unidos i tiene al corriente al lector de todos los libros publicados en Inglaterra, i de los que llaman la atencion en las demas lenguas. Sensible es decirlo ¡ cuán raro es encontrar anunciado uno en la nuestra !

Pero las bibliotecas, que han de proveer a las necesidades de una comunidad, no son lagos estagnantes, aunque de agua dulce sean. Rios deben de ser, en contínuo movimiento, a fin de que el murmullo de sus aguas vivifique i anime el paisaje. De los libros puede decirse, "esas aguas ya pasaron;" i la indiferencia con que han sido acojidos los primeros ensayos de bibliotecas, provenia de que eran meros *archivos* i hacinamientos. "Publicaremos, dice en el *Evening Post* una circular a los miembros de la Biblioteca Mercantil de Nueva York, cada sábado, i con mas frecuencia si fuere necesario, la lista de los libros añadidos durante la semana, i al fin de cada mes se enviará una lista completa a los miembros, a fin de que esten al corriente " de los nuevos libros," sin necesidad de venir a la Biblioteca."

Si se tiene presente que esta biblioteca fundada por los dependientes de tiendas i almacenes cuenta mas de veinte mil volúmenes, se comprenderá de cuánta importancia reputan renovar diariamente el surtido, a fin de mantener siempre despierto el interés. Ochocientos volúmenes se ha añadido este año, lo que da mas de dos obras nuevas por dia.

Si despues de colectadas en cada una de nuestras villas i ciudades sudamericanas los libros que *yacen* en bibliotecas privadas cual capital parado, sino es que se les guarda como propiedad, o por mera ostentacion, pues que debemos suponerlos leidos i releidos, se formare un núcleo de biblioteca pública, como seria de desearlo, habria luego que pensar en vivificar estas fuentes de aguas vivas, i entonces se sentiria cuán escasas son las lluvias que han de mantenerlas, a fin de que no se sequen. ¿ Cuántos libros nuevos en español, pudieran añadirse por dia, por mes, por año siquiera ?

Pero tiéntese el esfuerzo, hágase sentir la necesidad, críense centros de atraccion, pónganse fuerzas en movimiento, i entonces dando *probabilidades* al capital, ofreciendo *perspectivas* al estudio, de todos los puntos de América para suministrar la materia, de los Estados Unidos i de Europa las empresas libreras, para confeccionarla en "libro castellano," se establecerán corrientes, flujo i reflujo, que devuelva la vida a aquel "Mar Muerto" de libros polvorientos, o de rancias emanaciones, que forman el caudal de medios de informacion puesto al alcance de los que no saben estrañas lenguas.

Si repudia esta herencia, si hace distinciones, no tendrá ni hoi ni nunca ningunos. El pensamiento, como decia Makinstos de las instituciones, crece; pero para que algo crezca, es necesario que haya ün jérmen fecundo, bajo la tierra. En la nuestra tan lujosa, tan caliente, tan húmeda solo se han sembrado abrojos; i la cantidad i sustancia de los libros que actualmente circulan en la América, no serviria de abono a tierra no cultivada.

BIBLIOTECAS.

Es este uno de los puntos de que habremos de ocuparnos en lo sucesivo, como que a jeneralizarlas en todas las poblaciones de la América del Sur habrán de concurrir el esfuerzo combinado de los amigos del progreso.

Por ahora llenamos esta seccion con curiosos documentos que tienden a reducir a proporciones pueriles la idea, i las observaciones que tan intempestiva manifestacion sujieren.

BASES *de organizacion para la " Sociedad auxiliar de Biblioteca Pública de San Juan."*

Art. 1°. Se constituye una sociedad con el objeto de ayudar por todos los medios posibles á la formacion i mantenimiento de la Biblioteca Pública de San Juan.

Art. 2°. Son miembros de esta asociacion las personas inscritas en el acta de su fundacion, i todas las demas que invitadas se presten a ingresar en ella.

Art. 3°. Todos los socios quedan obligados al cumplimiento de las disposiciones jenerales o parciales que adoptare la asociacion, siempre que ellas no se separen del objeto único de su formacion.

Art. 4°. Los recursos de la Sociedad serán :

1° Las donaciones en libros que los socios hicieren.

2° Las mensualidades que cada uno de los socios se imponen al incorporarse en la Sociedad.

3° Las donaciones que hagan otras personas que no pertenezcan a esta asociacion.

Art. 5°. La Sociedad tendrá sus reuniones jenerales el primer domingo de cada mes, para darse cuenta de los trabajos practicados i para resolver las proposiciones que pudieran hacerse.

Art. 6°. La Sociedad tendrá una comision directiva compuesta de un presidente, un vicepresidente, dos secretarios i un tesorero.

Art. 7°. La Sociedad por intermedio de su presidente se pondrá en relacion con aquellas personas, ya sea de Buenos Aires, o en el estranjero, a quienes considere con aptitudes para poder contribuir de alguna manera a los fines que se propone.

Art. 8°. La asociacion promoverá el establecimiento en San Juan, de otra sociedad análoga con la cual pueda combinar sus trabajos.

Buenos Aires, Abril 22 de 1866.

Tomamos de la *Ilustracion Americana* de Nueva York, el siguiente artículo, en que se da cuenta de un proyecto de Sociedades Bibliófilas en Buenos Aires, que en lo sustancial seria el mismo que nos proponemos realizar desde aquí.

Buenos Aires está situado en posicion desventajosa para servir de centro a operaciones que deben tener por teatro a toda la América.

Síguesele un Informe pasado a una Sociedad Bibliófila en Buenos Aires, por el Rector de la Universidad de aquel Estado o Provincia, i al cual ha servido acaso de antecedente el proyecto mismo de que vamos a ocuparnos.

PROYECTO DE INTERES AMERICANO.

De tal podemos calificar uno que el ilustrado señor D. F. Sarmiento sugiere al presidente de la sociedad bibliófila de San Juan, en la República Argentina. El señor Sarmiento, a quien su patria debe tanto en la rejeneracion que va operándose en ella con admirable vigor i entusiasmo, a mas de trabajar por el porvenir de la tierra que le vió nacer se ocupa en difundir toda idea beneficiosa á los demas Estados americanos. Persuadido de que la base del progreso i el bienestar de los pueblos es la educacion de las masas, menesterosas de instruccion, que debe dárseles generosamente, trabaja con incesante ardor en llevar a cabo los filantrópicos planes que concibe. Ya su patria ha empezado a sentir la influencia de su apostolado, i no faltan en ella obreros inteligentes i activos que le ayuden poderosamente en su noble empresa.

Recomendamos encarecidamente a los pueblos hispano-americanos la idea que el señor Sarmiento manifiesta en la carta que vamos a estractar. Despues de lamentarse de la escasez de buenos libros de testos para nuestras escuelas, i despues de mostrar los beneficios que pueden resultar del establecimiento de bibliotecas populares, dice :

" Para publicar en español un libro importante se necesitan cinco mil suscritores seguros, de manera que estereotipadas las pájinas, respondan al editor de sus costos i llegue el libro al lector comun a precios reducidos. Con tres mil puede obtenerse el resultado; con mil a precios bastante subidos, quizá el doble del ordinario. Esos cinco mil suscritores permanentes a la *Biblioteca Americana* pueden reunirse en la América española desde Concepcion hasta el Colorado en catorce repúblicas que aspiran a ser naciones civilizadas. La raza anglo-sajona cuenta cincuenta millones de lectores de sus libros; i su riqueza i cultura están en proporcion, i con dos centros poderosos de movimiento intelectual, la Inglaterra i los Estados Unidos.

" He aquí, pues, la tarea que por su parte puede emprender la sociedad que V. preside, i dar un blanco noble, dilatable al infinito como la conquista de un grande i fecundo hecho, al anhelo de conocimientos de la juventud, al deseo de obrar el bien de los ciudadanos provectos, a la sed de gloria literaria de los mas ilustrados.

" La sociedad podrá llamarse la sociedad bibliófila americana. Se compondrá de todos los que en toda la estension de la República Arjentina acepten el pensamiento que el presidente explicará en una circular tirada a diez mil o mas ejemplares. Los socios suscribiran la suma de. . . . al recibir o demandar el título de socio para el sosten de los gastos generales de la asociacion. Los socios contribuyentes para la edicion de libros contribuirán con la suma de. . . . anualmente, obligándose *en toda forma* por cinco años a entregar sus cuotas al principio de cada año a los agentes de la asociacion. Habria bajo la direccion del presidente una comision ejecutiva compuesta de siete miembros que a su vez serán presidentes de las siguientes comisiones: comision de redaccion, de recaudacion, de propagacion, de correspondencia con otras sociedades, de traduccion, de arbitrios i transacciones, i de impresion.

" La comision de redaccion tendrá por objeto la redaccion i publicacion de todos los trabajos que tiendan a generalizar el pensamiento, de dotar a la lengua española de los libros necesarios para el progreso i civilizacion de la América. Trabajo suyo seria reducir a catálogo los libros útiles i aplicables a nuestras necedidades actuales, publicados en español en el presente siglo, escluyendo novelas, obras de derecho u otras profesionales, para estudiar los vacíos que se notan i aplicar remedio. Indicar las obras de historia, ciencia, enseñanza, etc., de otros idiomas, que se reputen indispensables en español i de interes en toda la América, a fin de asegurar el éxito de la edicion, i proponerlas a las otras sociedades del mismo género. Preparar i publicar todos los años el informe anual de los trabajos de la sociedad con extractos de la correspondencia.

" Comision de recaudacion, su presidente seria el tesorero i tendria ayudentes tesoreros en cada provincia para colectar los fondos i distribuir los libros i el informe anual á los socios suscritores.

" La comision de propagacion levantaria en cada provincia una nómina de todas las personas que poseyendo bienes se hallan en aptitud, cual quiera que su grado de instruccion sea, de contribuir a la edicion de libros a fin de conocer i llegar a reunir los sostenedores de la idea con que pueda contar la república, etc. A esta comision corresponderia poner por su influjo, relaciones i trabajos, todos los medios de interesar el patriotismo, el interes de todos los ciudadanos en la propagacion de los libros, etc. La comision de correspondencia tendria a su cargo lo que su título expresa, tanto en el interior como en el exterior.

" La comision de traduccion se compondria de jóvenes literatos que tendrian por ocupacion traducir i en algunos casos compilar las obras que la comision ejecutiva designara. Seria presidida por un miembro de la comision ejecutiva que será autoridad en materia de perfeccion del lenguaje, visará las traducciones, asociándose para ello las personas que a su juicio tienen las condiciones necesarias. La comision de impresion ha de entenderse con los libreros-editores en los Estados Unidos, Bélgica o Francia. La comision de arbitrios, etc., una que sujiera las ideas, ya para crear fondos, ya para mejor realizar el pensamiento.

" La sociedad al iniciar sus trabajos invitará en Chile, Perú, Uraguay, Bolivia, Ecuador, etc., a las sociedades Union Americana, a los literatos i hombres de saber conocidos a emprender la misma organizacion a fin de llegar al resultado general que se solicita. Los socios contribuyentes recibirán el valor de la cantidad suscrita en libros publicados, al costo de la impresion, fletes i traduccion, agencia, etc.

" La suscricion, dada la suma necesaria para obtener los libros que pueden imprimirse en el año, puede hacerse por cantidades, segun la fortuna o buena voluntad de los contribuyentes que representan dos, tres o mas suscriciones. De este modo se consigue que la suscricion no sea una donacion, sino simplemente el valor de adquisicion de un objeto a precios cómodos.

" Las traducciones recibirán una retribucion moderada de su trabajo, i el corrector general en cada pais un tanto por ciento de revision, cargándose estos gastos a los de la edicion del libro. Cuando haya de emprenderse la traduccion de una obra en muchos volúmenes, los presidentes de las diverses sociedades americanas convendrian en distribuirse los volúmenes, de manera que pueda hacerse expeditamente para suministrar el material á las imprentas editoras.

" Con el informe anual se publicará ademas el anuario de los progresos de las ciencias i de los descubrimientos durante el año anterior.

" La sociedad bibliófila emprenderá así que cuente con mil suscritores para costear la edicion i estereotipo, cuyos defectos i errores podrá correjir la comision de traduccion. Pertenecerán a la sociedad las subsiguientes ediciones estereotípicas de una obra, i su producto o el de la venta de los estereotipos, cuando hallen compradores, serán invertidos en la publicacion de nuevos libros, de que se repartirán ejemplares grátis a los suscritores orijinales o en otros objetos que fomenten la idea. Como la idea así realizada no es sino el medio de procurarse libros en español hasta crear el consumo espontáneo de los libros, esta sociedad está destinada a estenderse indefinidamente, renovándose la obligacion de suscricion cada cinco años o incorporándose a ella todos los individuos que en adelante fuesen hallándose en condiciones de fomentar su objeto...."

BIBLIOTECA POPULAR DE SAN JUAN.

Publicamos gustosos los siguientes documentos sobre la biblioteca popular en San Juan, iniciada por algunos patriotas hijos de aquellas provincias, i que se halla en via de realizacion : (*Nacion de Buenos Aires.*)

" Buenos Aires, Diciembre 23 de 1866.

" *Sr. Damian Hudson, presidente de la Sociedad Ausiliar de biblioteca pública de San Juan.*

" He recibido una nota del Sr. Secretario de la Asociacion que V. preside, haciéndome saber que he sido nombrado en sesion de 16 del corriente para que acompañado del Sr. Dr. D. Luis J. de la Peña i de la Sra. Da. Juana Manso, elijamos las obras impresas que mejor nos parezcan para formar una " biblioteca popular."

" Desempeñando por mi parte esta comision cual yo la he comprendido, acompaño una lista de libros escritos orijinalmente en español o traducidos a este nuestro idioma, porque considero que la primera calidad que deben tener los libros, cuyas ideas i nociones se aspira a popularizar, es que estén escritos de manera que los entienda el pueblo, o la jeneralidad, que no sabe inglés ni francés.

" La materia no es menos importante que la eleccion del idioma cuando se trata de esta clase de bibliotecas : en mi concepto estas deben componerse de mui pocos libros que no abracen hechos i cosas prácticas, porque tal es la condicion hnmana i las tendencias de nuestra educacion doméstica que, si ponemos a mano del hombre comun novelas i vidas estraordinarias de santos, atestadas de milagros, han de abandonar toda otra lectura por esta, i en este caso la biblioteca popular produciria mas daño que provecho. Sin embargo, yo no escluiria al *Quijote* ni a *Gil Blas de Santillana*, porque estas invenciones son pinturas reales de cosas cuyo conocimiento completa la educacion, i es bueno que tenga todo el mundo una idea esacta de lo que es el corazon humano cuando esta movido por los variados intereses que constituyen la vida social.

" Pero los estrechos estantes de una biblioteca popular deben aprovecharse bien : allí el alimento intelectual debe proporcionarse tan fuerte como lo es el que requiere el cuerpo bajo las influencias del aire libre i trabajo muscular.

" Pero, mas que fuerte debe ser sano—es decir, verdadero, esacto, positivo, claro, sin ambigüedades ni discusiones que siembran la duda i establecen la indecision en espíritus mas aptos para creer que para juzgar. Las obras de controversía, las que transpiren lo mas mínimo a partido, a pasion de escuela o de secta, deben desecharse *in limine* como cosa nociva. Hai algunas colecciones cortas de preceptos morales i de urbanidad, que contribuyen mucho a despertar la estima hácia el prójimo i hácia nosotros mismos ; i de esta clase de obritas, seria bueno surtir bien las bibliotecas populares, mientras no se hallen en estado sus promovedores de costear la publicacion de *almanaques* en donde se reunieran estas mismas mácsimas, a par de buenos consejos hijiénicos i de recetas *probadas* para la curacion de las dolencias mas frecuentes. Esos almanaques se derramarian al principio de cada año en gran cantidad de ellos por los pueblos i por las campañas, vendiéndolos a precios mui bajos. Es demas advertir que estos almanaques debian ser esencialmente agrícolas e industriales, i que aquellas materias no entrarian sino como accesorias i complementarias del fin social de aquellas publicaciones que yo llamo almanaques i que pudieran tomar otro cualquier título.

" Todos los periódicos ilustrados con láminas son a propósito para estas bibliotecas. Tambien lo son los viajes, las descripciones jeográficas, las vidas i biografías de hombres célebres (con sus retratos), los libros que pintan la naturaleza, los hábitos i costumbres de los animales, los que tratan del cultivo de la tierra, de la siembra de cereales, del plantío de los árboles, del cuidado de las flores, i en jeneral de las faenas i ocupaciones del campo.

" Hay tratados especiales de ciencias esactas i física i química, escritos con la mira de que el lector pueda, sin el ausilio de ningun maestro, tomar algunas nociones prácticas sobre esas ciencias tan necesarias a la vida i al bienestar del hombre. En este sentido son recomendables los ensayos de aritmética i de jeometría que publicó aquí en Buenos Aires el profesor D. A. Jacques, poco antes de su fallecimiento; una biblioteca popular debe ser dotada de cuanto libro se encuentre en español que trate las mencionadas materias desde el punto de vista de sus aplicaciones. El morador de las campañas que aprenda por medio de una cuerda i tres dimensiones medidas en ella, a trazar un ángulo recto sobre la superficie del terreno i a colocar con perfecta verticalidad cuatro maderos, habrá echado con acierto, gracia i solidez los cimientos del rancho bajo cuyo techo han de abrigarse sus hijos.

" Si el mismo, sin necesidad de saber que esiste una ciencia que se llama " Fisiolojia Vegetal, " llega a aprender en sus libritos prácticos que un árbol tiene como los animales homores que circulan i que fluyen o se reconcentran segun las estaciones, entonces podará sus higueras i parras con discernimiento, proveerá a la salud de esos seres que le dan frutos i sombra, i se inclinará a tratarles no solo como a cosas útiles sino como a objetos de la creacion que viven i sienten a su manera. I esta idea, despertada en el inculto campesino, es de seguro una leccion moral mas poderosa que la que pudiera proporcionarle una sentencia de Sénea bien aprendida de memoria.

Los tratados de ciencias i artes elementales, prácticos i claros, deben ocupar el primer lugar en una biblioteca destinada para personas que solo saben leer, que poseen pocos o ningunos bienes de fortuna, i a quienes el tiempo les anda escaso para trabajar mecánicamente. Recomiendo, pues, los manuales de Rosi que se han traducido al español recientemente, otros anteriores que tambien corren en nuestra lengua, i los escelentes "Catecismos" de Ackerman, si, desgraciadamente, no estuvieran ya agotadas las bellas ediciones de Lóndres.

Los señores que tienen la santa idea de popularizar la instruccion, pueden combatir con hechos un error que ha debido ser funesto entre nosotros : él parece nimio a primera vista, i sin embargo es fundamental. Se ha creido aquí que todo libro para consumo de la jeneralidad debe ser mal impreso, color del *pambazo* su papel, i encuadernacion en una piel de oveja sin color i mal curtida. En los libros españoles este absurdo no tiene escepciones, sino en los libros de misa que siempre tuvierón unas buenas i aun ricas apariencias para que hicieran juego con el rosario de oro de las mujeres devotas. Son una curiosidad digna de conservarse en museo algunos ejemplares impresos en Valencia o en Cataluña de los " Doce pares de Francia," de Bertoldo i Bertoldino ; de Romanceros i de colecciones de comedias, que como todo el mundo sabe, han sido los libros que mas cundian en nuestra lengua, no para instruir al pueblo sino para divertirle.

" Es preciso que este *contrasentido* desaparezca ante la luz del *buen sentido*, guiado por el verdadero respeto que nos deben inspirar nuestros semejantes, iguales todos al mejor, desde el punto de vista de ciudadanos i todos con derecho al cultivo de las facultades que Dios nos ha dado al hacernos hombres. La beneficencia ó caridad de la instruccion no debe hacerse en moneda de cobre como la que se ejerce un dia de honras con los mendigos haraposos, segun la costumbre de los tiempos oscuros. Es preciso hacerla con largueza i con amor, con el corazon saltando de alegria ;—porque hoi los que propenden a instruir i educar al pueblo, no con palabras sino con hechos eficaces i sin vanagloria, son los únicos dignos de gozar de los deleites íntimos que estaban reservados a los mártires i a los penitentes en otros siglos, que distan ya mucho del XIX, en que vivimos i de cuyas creencias son sacerdotes los que aman de veras el cultivo sano de la intelijencia, fuente única de los bienes del mundo i de la salud de las almas.

" Es preciso que el libro de la "Biblioteca popular" sea bueno por dentro i bello por las tapas, para que comience por herir agradablemente los sentidos i tiente a su lectura.

" Los que tengan hermosas láminas, artísticamente ejecutadas, deben preferirse a los de igual naturaleza que carezcan de este atractivo. La esperiencia mostraria que es hasta económico este sistema, porque un libro dorado, bien empreso, con elegante encuadernacion, se defiende a sí mismo, obligando al buen trato hasta a las personas mas toscas. I cuando se contraiga el hábito de respetar los volúmenes por el vestido, como suele suceder para con los individuos, ese hábito redundará en provecho de los libros a la rústica que tengan bajo pobres apariencias calidades intrinsecas que solo pueden notarse mui de cerca

" Convencido profundamente de lo que acabo de decir, no he trepidado en colocar en la lista adjunta, el título de algunas obras que son conocidas como de lujo i cuyo precio es alto en el comercio, como por ejemplo, varios periódicos ilustrados i los viajes antiguos i modernos publicados por M. Charton i repartidos en lengua española como prima para los suscritores al " Correo de Ultramar."

" La sociedad hará el caso que le parezca de las ideas que contiene esta carta. Su presidente me ha obligado a emitirlas i lo hago con el fin de concurrir en lo que pueda a los fines laudables de una asociacion por cuyo buen éxito me intereso.

De V. mui atento S. S. i amigo.

JUAN MARIA GUTIERREZ."

Publicamas a continuacion la carta del Sr. Peña a la comision ausiliar de la Biblioteca de San Juan, i la lista de las obras aconsejadas por el D. Sr. J. M. Gutierrez, para formar la Biblioteca. (*Nacion de B. A.*)

" Buenos Aires, Diciembre 2 de 1866.

" SR. D. JUAN C. ALBARRACIN.

"Agradeciendo de un modo especial la distincion que de mi ha hecho la la "Sociedad ausiliar de la Biblioteca pública de San Juan," mi resolucion era pedir al Sr. Presidente se dignase escusarme, al menos por ahora, de concurrir a las reuniones indispensables de la comision a que se me destina, en consideracion a la urgencia de mis tareas en el fin de año. El recargo de estas me imposibilitaria para los trabajos que deben emprenderse.

" En relacion frecuente i necesaria con el Sr. Rector de la Universidad Dr. D. Juan Maria Gutierrez, me ha proporcionado ocasion de conocer su pensamiento sobre " la eleccion de obras útiles para una Biblioteca popular " i los términos en que los trasmite a esa sociedad.

" La competencia mui especial de este distinguido literato, me hizo no trepidar un solo instante en aceptar con entera aquiescencia sus ideas, que son completamente conformes a las mias.

" Ruego, pues, a V. se sirva presentar a la sociedad, mi adhesion al dictámen de mi distinguido cólega i amigo.

" Creo llenar por este medio, en cuanto me es posible, el encargo que se me confia, i corresponder a los laudables objetos que la Sociedad de la Biblioteca pública de San Juan tiene en vista.

" Saludo a V. con particular consideracion.

LUIS J. DE LA PEÑA.

Lista de algunas obras que pueden servir de base a la formacion de una " Biblioteca Popular Arjentina.

Diccionario de la lengua castellana.
Gramáticas i ortografias id.
Gil Blas de Santillana.
Algunas novelas escojidas de Walter Scott, traducidas por Ochoa i por Mora.
Robinson Crusoe.
El Nuevo Robinson.
Obras de Franklin.
Diccionarios biográficos.
Ontolojía de escritores antiguos i modernos, por Ochoa.
Historia del descubrimiento i conquista de América, por Barros Arana.
Historia Arjentina.
Algunas de las obras publicadas en ediciones económicas con láminas, por Gaspar i Roix en Madrid.
Vida i viajes de Cristobal Colon, por W. Irving, traduccion de Garcia Villalta.
El Instructor, por Ackerman.
Periódicos de Variedades, con láminas, publicados en Europa en diferentes épocas en lengua castellana, como la "Colmena," "El Mensajero de Londres," "El Correo de Ultramar," etc. "Manuales de artes i oficios, " por Rové i otras colecciones de los mismos.
Los grandes inventos, por Figuier, edicion española de la casa Hachette de Paris.
Anuario científico, por Canales Mad.
Viajes modernos, por Charton (con láminas).
Viajes en el siglo XVI id. (con láminas).
Elementos de Física, Ortiz, edicion norteamericana.
Tratado de Urbanidad, por Carreño, id. Aritmética i jeometría, por A. Jacques.
" El Agricultor ", 2ª edicion, Buenos Aires.

EL ENEMIGO EN CAMPAÑA.

No bien habíamos coordinado el plan de esta publicacion a que la reciente lei del Congreso de los Estados Unidos nos indujo, cuando nos llega, como anuncio de futuras resistencias, el lejano rumor de los primeros encuentros con ideas opuestas. Cuanto llevamos dicho sobre la necesidad en la América española de difundir, por medio de escuelas i libros, los conocimientos útiles, viene ya refutado en un escrito que pudiera, por el oríjen que tiene, llevar el nombre de contra-manifiesto. Una Universidad sudamericana por el órgano de su Rector, consultada su ciencia al efecto, ha trazado, por decirlo así, el campo del debate, i señalado los puntos de discusion. Refirímonos al informe que el Rector de la Universidad de Buenos Aires ha pasado a una Sociedad que se habia organizado espontáneamente, para fomentar la creacion de Bibliotecas en todas las villas i ciudades que careciesen de ellas. Las ideas contenidas en aquel papel que quisiéramos llamar documento, no son locales en la parte de América en que se manifestaron, i deseáramos creer que no son ni personales del que las emitió. Forman un sistema de ideas, comun a nuestra raza, resultado de nuestros antecedentes históricos, que constituyen, en fin, la esencia misma del modo de ser que nos esforzamos en modificar. El Rector de la Universidad de Buenos Aires es un literato mui conocido en el Perú, Chile i Rio de la Plata, por su conocimiento de la lengua castellana, las útiles compilaciones de poesias americanas que ha hecho, i la publicacion de varias producciones antes inéditas, o entresacadas de prosadores de nota. Nada mas natural que una Sociedad que se proponia hacerse de libros, pidiese una lista a quien es erudito en bibliografía. La circunstancia de ser Rector de la Universidad ha debido añadir peso a su palabra, solo comparable con la responsabilidad que le imponen su doble carácter de literato i de majistrado.

Al hacernos cargo de los conceptos vertidos, i los libros recomendados, creemos responder, no ya a un individuo, sino al sistema de ideas de que él se muestra campeon, i quebrantar si es posible, el poder de resistencia que ellas oponen. En toda la estension de la América aquellas ideas tienen ecos, aquel lenguaje dogmático, asentimiento.

He aquí el hecho segun resulta del ecsámen de los varios documentos que hemos puesto a la vista del lector.

Habiéndose formado en San Juan, República Arjentina, ciudad de mas de 20,000 habitantes, un núcleo de Biblioteca para uso de los vecinos, no habiendo hasta entonces ninguna pública en la provincia, promovióse en Buenos Aires la formacion de una Sociedad para enriquecerla con donativos de libros que en gran cantidad reunieron i enviaron a aquella remota poblacion.

El pensamiento fué segundado desde Francia i desde los Estados Unidos, contándose los Appleton entre los donantes. Entretanto una señora, consagrada a la educacion, sujirió a los vecinos de Chivilcoi, poblacion rural de Buenos Aires, la misma idea, i pocos dias despues este pueblo de campo contaba con un comienzo de biblioteca.

Ecsito tan cumplido, sujirió la idea de ensanchar la esfera de accion de la Sociedad i la de propender a formar otras bibliotecas en cada poblacion que tuviese un número algo considerable de vecinos. Los diarios anuncian haberse ya establecido una en otro pueblecillo de nombre San Vicente. Habíase dado el primer impulso, i solo quedaba darle mayor fuerza. Procedido habíase como se procede hoi en todos los paises cultos para llegar a un fin útil, de interés comun, cual es la formacion de una Sociedad para dar impulso, por la palabra dirijida a los vecinos de un lugar esponiéndoles las ventajas i los medios fáciles de obtenerlas. Sociedades, meetings, discursos, suscriciones, donativos, todo el ritual del caso. ¿Qué libros debieran enviarse a San Juan, ciudad lejana, donde hai jentes de todas condiciones i grados de educacion, que desean leer ? ; a Chivilcoi, pueblo de reciente i rápido crecimiento, compuesto de individuos de todas nacionalidades, agricultores i jeneralmente gozando de bienestar ? La respuesta que el buen sentido sujiere es la misma que da la etimolojía de la palabra *biblos*, libro, *teca* (de colocar), depósito, estante, casa destinada a contener libros. Los libros que debieran mandarse, habrian de ser, pues, ante todo, *libros*, es decir, los libros que circulan, los que cada uno leeria o de que se proveeria si no hubiera bibliotecas.

Por el honor de aquella América, nos da vergüenza invertir tipos i papel en consignar estos hechos al parecer triviales; pero creemos necesario especificarlos para hacer sentir en toda su enormidad la perversion de ideas que en nombre de la mayor ciencia invocada, i con la sancion que dá una alta posicion oficial en materia de saber en aquellos paises, el Rector de una Universidad no ha trepidado en ostentar bajo su firma.

Al querer formar el literato una lista de libros que se le pedia, el espíritu de la Inquisicion que está adormecido pero no muerto en nuestras entrañas, insinuó las prohibiciones i condenaciones del índice ex-purgatorio; la sangre del fidalgo rebulló al nombre de *pueblo*, por público, por los vecinos de una ciudad, i vinieron a la pluma, i aparecieron en el Informe dirijido a una Sociedad, los epítetos "el hombre comun," "el que solo sabe leer," "los que son mas aptos para CREER que para juzgar," "los que apenas tienen que comer," para quienes eran las Bibliotecas, miradas como simple "caridad o beneficencia de instruccion"; i asi degradado el objeto de las bibliotecas, i el *pueblo* reducido a las turbas ignorantes, poniéndolo bajo la tutela de los mas "aptos para juzgar," concluyó, de esclusion en esclusion, por negar al *pueblo* no solo la ocasion i la posibilidad de leer, sino lo que es mas, el derecho de leer lo que llegare a sus manos, haciendo de la Sociedad misma que se proponia fomentar el ejercicio de la intelijencia, un Tribunal de *censura prévia*, que no dejará pasar sin su aprobacion libro alguno a las bibliotecas. La Inquisicion no llegó a tanto!

Sin mas preámbulo entraremos en el ecsámen de este estraño documento, por temor de que se nos tache de ecsajerados; i lo haremos siguiendo el órden de las ideas, dejando al curioso que ecsamine por sus propios ojos la hilacion en que el autor las presenta.

El primer período muestra ya que algo anda torcido. Segun él, el Rector es solo miembro de una Comision nombrada por la Sociedad misma, i compuesta del Rector, un Presbítero Peña, i aquella señora que tan buena mano habia tenido para fundar una Biblioteca. El deber en estos casos es pasar un Informe colectivo, o uno de la mayoría sino hubiese acuerdo, dejando a la minoría presentar el suyo en disidencia. El Rector informa sin embargo, "por su parte;" el Presbítero Peña "se adhiere a él completamente" dice, en una pieza separada i posterior, i el otro miembro no aparece ni convocado, ni oido, ni informante. ¿ Por qué se han atropellado reglas tan jeneralmente seguidas ? ¿ Era tan facultativo el informe del Rector, que temió dejar en duda la paternidad de obra tan clásica ?

Recomendando pues su lista de libros, añade "porque considero que la primera calidad que deben tener los libros, cuyas ideas i nociones se aspira à popularizar, es que estén escritos de manera que *los entienda el pueblo o la jeneralidad que no sabe frances o ingles.* La materia no es menos importante que *la eleccion del idioma*, cuando se trata de esta *clase* de bibliotecas."

Del encabezamiento del Informe al Presidente de la *Sociedad Ausiliar de la Biblioteca pública de San Juan*, puesto por él mismo, resulta que aquella Biblioteca, para la cual se pedian libros, no era de clase ninguna, sino simplemente una coleccion de los libros que lee la jeneralidad de los habitantes de un país, incluyendo los Rectores de Universidades que entran en la jeneralidad. Nada induce tampoco a creer que la mencionada Sociedad aspirase a popularizar "ideas i nociones," que le fuesen peculiares a ella, sino las ideas i nociones que se encuentran en todos los libros, que seria de desear estuvieran escritos de manera que el lector los entienda; pero que la Sociedad no se proponia escribir ni imprimir, en cuyo caso la recomendacion seria oportuna.

Pero al dar tan sesudo consejo, bueno hubiera sido que lo diese en términos tan claros que lo entendiesen siquiera los que saben ingles i frances. "La eleccion del idioma" a renglon seguido de haber nombrado tres distintos, deja entender que elije el español para los libros de la Biblioteca de San Juan, sujeto de la oracion, con esclusion de todo libro, en cualquiera otro idioma, pero distintamente en frances o en ingles. Si ha querido decir, como lo sospechamos, conocidas las predilecciones del autor, "correccion del lenguaje," en donde ha dicho "eleccion del idioma" ha repetido la fábula del cangrejo, que enseñaba con su ejemplo a caminar hácia adelante, yendo siempre para atrás. La verdad es que proponiéndose lanzar un dardo, acaso al miembro mudo de la Comision, trató de embotarle la punta.

No habrá pues en la Biblioteca de San Juan libros mal escritos, ni de otro idioma que el elejido por el Rector. No habrá tampoco "novelas, ni vidas estraordinarias de santos atestadas de milagros," con lo que quedan escluidos la mayor parte de los libros que circulan. Pero aquí nos encontramos otra vez con cosas que "no estan escritas de manera que las entienda el pueblo." Salen de lo ordinario las vidas de santos por venir atestadas de milagros. Vidas estraordinarias de santos espresa la misma idea que vidas de santos atestadas de milagros; juntos los dos calificativos forman lo que los críticos llaman echar albarda sobre albarda. El autor esceptuaria sin embargo entre las novelas el *Quijote* i *Gil Blas*. La escepcion es merecida; pero las razones en que la funda convienen con mas propiedad a centenares de las novelas escluidas. Salvados *El Quijote* i su consorcio, merced a ser modelos de la lengua castellana i monumentos literarios es la razon verdadera. Suponer que en estos libros solamente se adquirirá "una idea ecsacta de lo que es el corazon humano" es hacer un ultraje a la humanidad entera, a los tres siglos de mayor civilizacion que han transcurrido desde que en España i Francia dichos libros se escribieron.

El Reverendo Robert Lowey en su sermon de la semana pasada, *What shall we read?* (¿Qué leeremos?), decia a este propósito: "Algunas personas (predicadores) prohiben toda obra de imaginacion, mientras que otros consideran las lecturas amenas como descanso i solaz para el trabajo del cuerpo o del espíritu, i las recomiendan. No debemos olvidar que el alma participa de las propensiones del cuerpo; i así como el sistema dijestivo se sublevaria contra un réjimen de alimentos sólidos esclusivamente, o solo de dulzainas i golosinas, así tambien el alma requiere alimento agradable para no hastiarse del puramente nutritivo." No le ocurrió al buen predicador hacer bibliotecas de libracos repelentes, a fuerza de ser descarnados e insípidos, como la que en forma de botiquin se nos va a recetar.

Como los estantes de una biblioteca popular (la de la ciudad de San Juan) añade, "han de ser *estrechos*, deben aprovecharse bien." Por tanto "el alimento intelectual debe proporcionarse *tan fuerte* como el que requiere el cuerpo bajo las influencias del aire libre i trabajo muscular." Si el que ha inventado tan peregrina comparacion tiene, con la lectura del *Quijote*, idea ecsacta del corazon humano, lo que es del estómago del gañan que se entrega al trabajo muscular al aire libre, tiene las mas erradas nociones. Con este alimento para el cuerpo solo pueden compararse para el espíritu *en lo fuerte* Kant, Hegel, Leibinits, un problema de áljebra de tercer grado, o una charada de cuatro sílabas. Si no hace reventar a su pueblo con esta dósis de alimento, ha de ser porque el "hombre comun" a quien se la administraria, aunque sea en estrechos estantes, bostezaria al segundo renglon, i roncaria al fin del primer período.

"Pero mas que fuerte, debe ser sano" el alimento, la materia de la lectura, es decir, "verdadera, ecsacta, positiva, clara, sin ambigüedades, sin discusion, que siembra la duda i establece la indecision en espíritus mas aptos para CREER que para juzgar. Las obras de controversía, las que transpiren *lo* mas mínimo a partido, a pasion de escuela o de secta deben desecharse IN LÍMINE, como *nocivas*."

Torquemada i Felipe II se habrian ruborizado de escribir este trozo que lleva al pié la firma de D. Juan Maria Gutierrez, Rector de un Seminario en que se está educando la juventud de una República sudamericana. Como literato le tachariamos el "lo *mas mínimo*" la mayor de las negaciones conocidas, aplicada a "ambigüedades," a "simple transpirar a espíritu de escuela, partido o secta." Es estirar la cuerda a un punto de tension desconocido. ¿Qué libro queda en la tierra que pueda leerse, que no sea tachable de *leve*, de *mal sonante* en nuestro siglo de controversia, de discusion, de partidos, de escuelas varias, de sectas? i esto IN LÍMINE! Pero quién lo desecha? El lector no, porque no está bajo la tutela del Rector informante ni de la Sociedad. La Sociedad menos, porque solo es *ausiliar* de una Biblioteca que ella no ha creado. ¿Quién desecha pues? Quiénes son los APTOS para creer, i los aptos para juzgar?

¿Se ha concebido jamás posible que tales conceptos vierta un hombre maduro i a quien, a fuer de entendido, se consulta para la adquisicion de libros? Si esto no es un tejido de vaciedades escritas sin conciencia, a guisa de retahila aprendida de memoria cuando niño, difícil es coordinar el nombre del autor, la ocasion i el pais con semejantes ideas.

I para que no quede ni sombra de duda de que aquella irrealizable ex-purgacion de la duda, del sabor a escuela en lo mas mínimo, no es una ecsajeracion del lenguaje que a veces va mas allá del pensamiento, el discreto Rector se encargará, a renglon seguido, de designar la dieta estricta, el sano aunque fuerte alimento, que en dósis homeopáticas, prepara para los que son mas aptos para *creer* que para juzgar. "Hai, dice, algunas colecciones *cortas!* de preceptos morales i de urbanidad, que contribuyen mucho a despertar la estima hácia el prójimo i hácia nosotros mismos; i de esta clase de *obritas* seria bueno surtir *bien* las Bibliotecas populares *mientras* que etc."

He aquí, pues, a los ciudadanos de San Juan i de Chivilcoi bien provistos de *cortos* tratados de urbanidad. Si persisten en ser villanos por sus maneras, no es por falta de *libritos* con que el Rector de la Universidad les ha dotado. Pero las cuestiones de forma i propiedad del lenguaje son, como lo hemos visto, "la primera condicion del escrito." *Prójimo* no es palabra relativa a *estima*. Prójimo pide *amor*; el amor al prójimo es base de la moral cristiana. Se estima debidamente el valor guerrero, el talento, la instruccion, el sentimiento de la dignidad humana, los cuales no cuentan entre las humildes virtudes del cristiano, basadas en el desprecio " de nosotros mismos." De los *libritos* que ha leido o compilado el Rector, parece sin embargo, a juzgar por el espíritu que campea en todo su Informe, que no ha sacado sino " la estima de sí mismo," pues " del hombre comun," " del que solo sabe leer," " de los aptos para *creer*," no tiene sino el sentimiento cristiano de dejar que otros le hagan "la caridad" de instruirlos, en los *estrechos* límites que él prescribe, con los *cortos libritos* que indica.

Síguese a esto la laudable sujestion de sostituir a las bibliotecas unos almanaques, pues las cortas colecciones de libritos no han de surtirse, sino *mientras* la Sociedad " no se proporcione fondos " para confeccionar, imprimir i distribuir baratos i a millares de ejemplares entre los campesinos (los vecinos de Chivilcoi i San Juan) los preciosos *almanaques*, " que deberán ser esencialmente agrícolas e industriales" " en donde" (en los cuales habria dicho un gramático) se reunirian, a la par de estas mácsimas, (morales i de urbanidad), i que vendrian a ser accesorias" " buenos consejos hijiénicos i de recetas *probadas* para la curacion de las enfermedades mas frecuentes."

Si se tiene en cuenta que la Sociedad Ausiliar habia leido antes, en plena asamblea la proposicion de hacer traducir al castellano el *Agricultor Americano de los Estados Unidos*, como el monitor mas completo que exista en el mundo, sobre Agricultura, i sus accesorios, se comprenderá el espíritu i el alcance del *almanaquillo*.

Algo se ha de conceder, sin embargo, a las propensiones vulgares del *pueblo*. " Todos los periódicos ilustrados con láminas son a propósito para estas bibliotecas." Periódicos con láminas, o periódicos ilustrados, como dice mas abajo, dan la misma idea; pero ilustrados con láminas, es albarda sobre albarda, " de manera que lo entienda el pueblo o la jeneralidad que no sabe frances ni ingles."

Siguen otros libros permitidos. " Viajes, descripciones jeográficas (que es la materia de los viajes), vidas i biografías de hombres célebres (que son las mismas vidas escritas—*bio* vida i *grafos* descripcion)—los que pintan la naturaleza, los hábitos i costumbres de los animales, los que traten del cultivo de la tierra, de la siembra de los cereales (*cultivo de la tierra*), del plantío de los árboles (*cultivo de la tierra*), del cuidado de las flores (*cultivo de la tierra*), i en jeneral de las faenas i ocupaciones del campo (*cultivo de la tierra*). En una palabra, el *Agricultor Americano* de los Estados Unidos, que trata de todas estas cosas i muchas otras mas. ¡ Cuánto vale saber mas que leer i hacer "la eleccion del idioma" en que tales perlas se han de echar ¡ ai ! a los puercos !

Viene en pos la recomendacion para la Biblioteca de San Juan, de unos ensayos de aritmética i jeometría que para uso de las escuelas, publicó Mr. Jacques, poco antes de su fallecimiento, (circunstancia esencialísima para el caso). La aplicacion práctica de las consecuencias que emanan del solo hecho de poner estos dos testos en las Bibliotecas, son portentosos, i mal que le fastidie al lector hemos de copiar el trozo, porque popularizando las nociones e ideas es como se logra hacerlas prevalecer. "El morador de las campañas que aprenda (en la biblioteca !) por medio de una cuerda i tres dimensiones medidas en ella, a trazar un ángulo recto, i a colocar en perfecta verticalidad cuatro maderos, habrá hechado con *acierto*, *gracia* i *solidez* los cimientos del *rancho* bajo cuyo techo han de abrigarse sus hijos."

Como se ve los lectores de los libros depositados en las Bibliotecas viven en *ranchos*, i las nociones de jeometría no los inducirán a edificar una casa de material sólido. Pero los *ranchos* no tienen ni requieren cimientos, a no ser que los "cuatro maderos" que sostienen la techumbre, i han de colocarse con *gracia*, en ángulos rectos, sean reputados *cimientos* de un edificio. Los que hacen "la eleccion del idioma" en que escriben, tienen como se vé, las llaves del cielo !

"Si el mismo (lector de la biblioteca que vive en ranchos) sin necesidad de saber que ecsiste una ciencia que se llama *Fisiolojía vejetal* (*Las Comillas* son del autor), llega a emprender en sus *libritos* (los de la biblioteca !) que un árbol tiene como los animales *humores* que circulan, i que fluyen o se reconcentran segun las estaciones, entonces podará con discernimiento sus higueras i sus parras. . . . "

El pueblo de San Juan es esencialmente agricultor, i a él se dirijen estos consejos. ¡ Con cuánta precaucion i *maternal* solicitud adapta su lenguaje el sábio para que lo entienda "la jeneralidad" que sabiendo solo leer, no está iniciada en los misterios profundos de la ciencia ! Llámale humores a la *sávia*, palabra que no "llegaria a comprender el pueblo." No solo no necesita saber ese tal, Fisiolojía vejetal, sino que ni de que tal ciencia ecsista tiene necesidad. Para qué ? Basta que el Rector de la Universidad lo sepa, pues que lo que hace a entenderla, no siendo este uno de los ramos que se cursan en las Universidades sudamericanas, claro es que el Rector, si lo sabe, como parece, que tal ciencia ecsiste, ha de haberlo leido en los centenares de libros que están al alcance "de todo el mundo," i lo estuvieran al de los lectores en bibliotecas, si el Sr. Rector permitiera en ellas su introduccion. (*) Ahora nos permi-

---

(*) La Universidad de Harvard College, Cambridge, Massachussets, tiene este año las siguientes clases :

1.ª Un curso sobre literatura moderna por el profesor Lowel.

2.ª Un curso de Anatomía, por Wyman.

3.ª Un curso de Matemáticas, por Peirce.

4.ª Un curso sobre Optica, acústica, electricidad i magnetismo, por el profesor Lovering.

5.ª Un curso sobre Química, por Cooke.

6.ª Un curso sobre Educacion integral, por el Rector de la Universidad.

7.ª Un curso de Historia, por el profesor Torrey.

8.ª Un curso sobre las mútuas relaciones de las ciencias, por el Rector Hill.

9.ª Un curso sobre el idioma i literatura griegas, por el profesor Goodwin.

10. Un curso de Botánica, por el profesor Gray.

11. Un curso de literatura inglesa, por el profesor Child.

12. Un curso sobre la elevacion de los continentes, por el profesor Shaler.

13. Un curso sobre el calor animal, por el doctor Lombard.

14. Un curso Introduccion a la Entomolojía americana, por Huier.

15. Un curso sobre los métodos de enseñar matemáticas elementales por el Rector Hill.

16. Un curso sobre Química óptica, por el profesor Gibbs.

17. Un curso sobre la Locura, por Tyler.

tiremos una observacion propia en materia tan abstrusa. El cultivo de las plantas, que forman el capital, dirémoslo así, del mundo civilizado, las cuales son enviadas de un pais a otro, ha hecho indispensable que el labrador, el horticultor, el florista, conozcan las leyes fisiolójicas i lo que es mas las palabras *técnicas* de la botánica. ¡ Hai una ciencia que se llama botánica! El mas vulgar jardinero en Buenos Aires, o los Estados Unidos, sabe, como en Francia o Inglaterra, el nombre latino de las flores i de los árboles, con espresion de jénero, especie i variedad. No se pueden pedir semillas a Francia de *alelí*, o de *encina*, pues que no se entenderia qué es lo pedido. Hai en cambio una lengua universal que se entiende (en el comercio ya) tanto en español, ingles o polaco, i esa la aprenden los agricultores, i la va enseñando, con la imájen de la planta a sus lectores el *Agricultor americano*, i cualquiera otro tratado moderno sobre la materia. La Fisiolojía vejetal es pues acaso la única ciencia que se populariza hoi, como una necesidad de que la agricultura no puede eximirse.

"Los *tratados* de ciencias i artes, elementales, prácticos i claros, deben ocupar,—continúa,—el primer lugar en una biblioteca destinada a personas que *solo saben* leer, que poseen pocos o ningunos bienes de fortuna, i a quienes el tiempo les anda escaso para trabajar mecánicamente." ¡ Qué castizo es aquello de "el tiempo les anda escaso !" Tentaciones de creer nos vienen, que hizo pobres a los lectores, solo por espetarnos un "el tiempo les anda escaso !" Pero el lector nuestro no ha olvidado que el Informe es dirijido a la Sociedad

18. Un curso sobre la evidencia de la teoría del desenvolvimiento del Universo, por el profesor Peirel.
19. Un curso sobre las fuentes de la Teolojía Natural, por el Rector Hill.
20. Un curso sobre Química analítica, por Gibbs.
21. Un curso de Cálculo lineal, por el profesor Peirce.
22. Un curso sobre Producto constante, por el Rector Hill.
23. Un curso de Ophtalmolojía, por el doctor Williams.
24. Un curso de Medicina Sicolójica.
25. Un curso de Química Orgánica.

Lecturas por el profesor Agassiz, en el museo de su nombre, contiguo a la Universidad, para la panteolojía i ciencias naturales.

Ausiliar de la Biblioteca de San Juan, i que el tal San Juan es una provincia i ciudad donde los hombres viven en *casas* i poseen bienes de fortuna en las mismas proporciones relativas que en cualquiera otra ciudad de América. Mas, el Rector rastreando la jenealojía de la voz *popular* que él sostituyó a la de *pública* por la Biblioteca de San Juan, dió con la voz *pueblo*, que sus instintos nacionales i "su educacion doméstica," como dice en otra parte, lo llevaron a imajinarlo compuesto solo de campecinos que habitan ranchos, de "jente comun" que "solo sabe leer" i que posee pocos o ningunos bienes de fortuna, i "el tiempo le anda acaso" para trabajar como máquinas, que eso es *mecánicamente.* Pueblo en el docto sentido de la Universidad de Buenos Aires, capital de la República Arjentina, es sinónimo de *populacho* si habita en ciudades, paleto, labriego, villano, campecino, hombre comun, viviendo en ranchos, en el campo; i para jentes tales está proveyendo de libracos a su alcance. Llevando adelante su idea de los tratados elementales, concluye : " Recomiendo, pues, los manuales de Rosi.... i los escelentes catecismos de Ackermann, si desgraciadamente no estubieran agotadas las bellas ediciones de Lóndres."

Recomiendo, habria dicho el último labriego, los manuales de Rosi, i RECOMENDARA los catecismos de Ackerman, si ecsistieran! Recomiendo hoi, si ya no estubieran antes, es locucion que todos los hablistas se disputaran, por chistosa! ¿Quién no quisiera haber sido el primero en usarla? Lo que es nosotros, solo observaremos que los justamente lamentados catecismos de Ackermann, impresos cuarenta i cinco años ha, i agotados hace mas de veinte, eran testos de enseñanza para escuelas i colegios, escritos, como el nombre lo dice, en preguntas i respuestas para tomar i dar la leccion. Cuéstanos comprender cómo en una biblioteca, donde cada uno lee para sí, se hace la pregunta: ¿Qué es geografía? que debió hacer al maestro; i el niño responder: Geografía es la ciencia que.... líbrenos Dios de decirlo; no sea que nos hagan Rector de alguna Universidad de la América del Sur.

Hasta aquí hemos andado tropezando con las ciencias en

tratados, con la moral en lecciones cortas, con periódicos ilustrados con láminas, i almanaques con recetas *aprobadas.* Vamos a entrar ahora en el campo de las bellas artes i de las ciencias económicas, a que el informe facultativo presta una atencion no como quiera. Setenta y cuatro renglones van destinados a discutir las cubiertas del libro, mientras que al almanaque consagró veinte i cinco; a los periódicos i tratadillos treinta i siete; ocho a las prohibiciones inquisitoriales; i cinco a la de novelas.

" Los señores que tienen la santa idea, dice, de popularizar " la instruccion, deben combatir con hechos un error que ha " debido ser funesto entre nosotros... Se ha creido aquí que " todo libro impreso para la *jeneralidad* debe ser mal impre- " so, color de *pambazo* el papel, i encuadernacion cuando mas " en una piel de oveja sin color i mal curtida.... En lo " libros españoles este *absurdo* no tiene escepciones, sino en " los de misa que siempre tuvieron unas buenas i aun ricas " apariencias para que hicieran juego con el rosario de oro de " las mujereres devotas. Es preciso que este *contrasentido* " (así subrayado) desaparezca a la luz del *buen sentido* (tam- " bien subrayado), guiado por el verdadero respeto que nos " deben inspirar nuestros semejantes, iguales todos al mejor, " desde el punto de vista de ciudadanos, i todos con derecho " al cultivo de las facultades que nos dió Dios al hacernos " hombres."

El lector americano se restregará los ojos, o limpiará las antiparras, para volver a leer este trozo i cerciorarse de que lo tenia leido bien. Los Tomases que necesiten tocar a mas de ver, no tienen mas que volver la pájina i leer el informe *in integrum.* Ahí está!

I no se maravillen de ello. Este es el espíritu de todo el escrito; esta toda una escuela literaria que tiene a la América sustraida a toda luz esterior. El respeto debido a la dignidad humana, el título de ciudadano de una república, la igualdad proclamada por el Divino Maestro, el buen sentido mismo son invocados para hacer que desaparezcan las cubiertas de los libros españoles encuadernados con una piel de oveja sin color! Pero si se trata del contenido del libro, del objeto de la biblioteca, entonces no hai ciudadanos, sino la gente comun, los que han nacido para *creer*, i a quienes debe medírseles con mano avara, i aguárseles el vino para que no se atociguen o embriaguen. Ciudades enteras son tratadas cual condenados a penitenciaria, a quienes se hacen lecturas ordenadas como prescripciones sanitarias.

Como la sociedad debe combatir *con hechos* el error de que vienen plagados *todos* los libros españoles, ningun medio tiene a su alcance, sino es el de impedir que no entre libro ninguno español en las bibliotecas, i como franceses ni ingleses podian entrar despues de hecha "la eleccion del idioma," nos quedamos a oscuras sobre los libros que pudieran entrar.

Verdad es que eso de libros españoles se presta a muchas interpretaciones: "libros escritos orijinalmente o traducidos al español," "libros españoles" por los impresos en la Península; edicion española de Hachette en Paris, "de una traduccion de Figuier," para todo se presta la palabra, que significa lengua castellana, fábrica española o parisiense, materia del libro, etc. Por ahí llaman a esto amfibolojia; pero nosotros lo hemos arreglado de otro modo, i sobre todo sabemos inglés i francés i todo lo entendemos o adivinamos.

Un libro es un producto fabril; i la perfeccion de la obra, i la calidad de los materiales empleados, dependerá del estado jeneral de la industria en el pais que lo produce, acaso del número de consumidores que el artículo encuentra. De esta sencilla verdad económica es prueba al caso, la artística ejecucion de los *libros de oir misa* citados. Como se imprimen *en Paris* donde el arte del encuadernador i del impresor estan mui adelantados, i la fabricacion del papel i la preparacion de las pieles ha llegado a su apojeo; i como por otra parte las mujeres que oyen misa en América constituyen un vastísimo mercado para esta clase de libros, las mas triviales nociones de economía política indicarán que el devocionario ha de estar bien impreso, en buen papel i encuadernado con elegancia i lujo.

Pero llamar "error fundamental," "absurdo," "contrasentido," a la mala calidad de una produccion industrial, es usar de las palabras como ningun sér racional las usa. Los errores lo son del espíritu, i no hai error en usar el labriego zapatones claveteados, sin lustre, i de baqueta mal curtida, cuando en su aldea no se hacen mejores, ni en su pais la curtiembre suministra pieles mejor adovadas.

Entre economistas i fabricantes es doctrina recibida que a medida que el producto de un consumo se aumenta, su calidad mejora i su precio disminuye. El rector de la Universidad parece llevar la contraria. Estrechándole al producto (libros españoles) el mercado, i cerrándole las puertas de las bibliotecas, la sociedad combatirá *con hechos* el error de la España de producirlos malos. Las curtiembres florecerán (en España) i el papel con eso solo perderá su color de *pambazo*. La doctrina no es, sin embargo, del autor del informe, que no en todo ha de ser orijinal un literato. Fué la que practicó el gobierno español durante tres siglos, arruinó la industria de los árabes, i trajo la actual decadencia de sus artefactos. Pero estaba reservado a un economista sudamericano proponer mejorar la calidad de un producto fabril, con "el "respeto que nos deben inspirar nuestros *semejantes!*" Este seria el caso de que el economista Jesus dijese lo que Beranger hace decir al Padre eterno cuando se oye llamar Dios de los ejércitos: "Que el diablo me lleve si yo enseñé nada en el evangelio para mejorar las cubiertas de los libros, ni curtir la piel de las ovejas!"

Hai en este trozo de setenta renglones tal mezcolanza de ideas profanas i semicristianas, "caridad o beneficencia", por el hecho de procurarse libros para leer—mártires i penitentes de antaño, que son los que ahora tratan de dar instruccion al pueblo—"no con palabras, sino con hechos eficaces (¿la lista de libros?) i sin vanagloria"—(no hai de qué a fé) que no acertamos a desemarañar el enredo. La última frase es la única punta de hilo que podemos sacar en limpio de aquella madeja sin cuenda. Hela aquí: "El cultivo de la inteligencia "(por medio de los libros) es la fuente *única* de los bienes "del mundo i de la salud de las almas."

Ya ha visto el lector como el autor de este inconcebible escrito usa i abusa de las palabras. Proscribir *in limine* todos los libros que "transpiren en lo mas mínimo" a algo, son ecsajeraciones que pasan los límites de lo discernible; pero decir que el cultivo de la intelijencia es la fuente *única!* de los bienes de este mundo i del otro, es llevar el lirismo fuera de los términos de lo rídiculo. Ni gana de reir da, al ver esta destemplanza de palabras, en quien impone a otros el deber de usarlas "verdaderas, exactas, positivas, claras." No sabemos, en efecto, si en la República Arjentina hai hombres que obtuvieron los bienes de este mundo, fortuna, gloria, elevacion i poder sin haber abierto un libro en su vida, i acaso sin saber leer. Sabemos que Walter Scott pagó sus deudas con sus novelas, que Victor Hugo está rico con las suyas, i que Dumas fuera millonario sino hubiese sido manirota. Los que acometen grandes empresas, los que descubren un nuevo proceder en la fabricacion o inventan máquinas que ahorran salarios, suelen allegar millones que deben al ejercicio de la intelijencia. Pero de ahí no se deduce que Astor i los Rostchild deban sus millones al cultivo de su intelijencia, ni a su empeño de dar instruccion al pueblo. Horacio Mann vivió apenas en una decente medianía, i sin embargo fundó muchas bibliotecas i es el grande apóstol de la educacion comun. *Unica* fuente de los bienes de este mundo, pase, pues que estamos en pais de *cucaña*; pero ni al diablo le ocurre hacer depender "la salvacion de las almas" del cultivo de la intelijencia. ¿Cuenta el Rector salvarse con el informe, fruto de su intelijencia?

"Convencido profundamente, dice al terminar, de lo que acabo de decir."—¿Qué se va a salvar mediante el informe? No: que los cuadernitos de la biblioteca popular que aconseja sean "*dorados* (sic), bien impresos, con elegante encuadernacion." Esto transpira a escuela. *Utrum.* ¿Cuál es pri-primero, la forma o la materia? La forma, dice el Rector; yo llevo la contraria; *ergo*, el informe del Rector no debe ponerse en las biliotecas populares de San Juan, caso consultado, por dar lugar a *discusiones que introducen la duda* sobre el estado de su mollera i establecen la *indecision en espíritus mas aptos para creer* (*por las apariencias*) que para juzgar tanto dislate.

EL PARTO DE LOS MONTES

¡LA LISTA DE LIBROS!

Coja aliento el lector, i eche su cigarro si es sudamericano; i cuando se haya esperezado, entre en el *sancta santorum*, la contraprueba del informe, la flor i nata de la andante literatura americana. Lo que va en bastardillas es lo genuino i granado: nuestras son las anotaciones marginales.

Lista de libros que pueden servir de base a una biblioteca popular arjentina.

Recordaremos para memoría que las de San Juan i Chiviloi estaban fundadas con toda clase de libros, i que el pueblo de Chiviloi sobre todo es célebre por la promiscuidad de lenguas, en pais a donde llegan veinte mil emigrantes al año de todas nacionalidades. Mas de la mitad de la poblacion de la provincia de Buenos Aires la forman estranjeros.

Diccionario de la lengua castellana. Donde quiera que haya palabras escritas ha de estar a mano el diccionario de la lengua. Cada escuela tiene en los Estados Unidos por lei uno o mas diccionarios. Para una biblioteca, en pais como el arjentino, nosotros habriamos dicho ademas: Diccionarios de las lenguas que hablan los habitantes. Sin eso, va a encontrarse en aprietos el estranjero que leyendo en la biblioteca un librito de cortos preceptos morales, se encuentra con la poco usada palabra *estima*, que tomará a fuer de estranjero por la que se hace de las distancias recorridas por el buque en el mar con la corredera.

Gramáticas de la lengua castellana. Si nos hubieran consultado a nosotros, habriamos dicho: UNA gramática de la lengua castellana, por sí alguno que sabe mas que leer, concuerda tiempos indicativos con subjuntivos condicionales.

Es prohibido disputar en las bibliotecas; i si hai *dos* gramáticas, ¡fiesta tenemos!

Gil Blas de Santillana. Le añadiremos el Quijote que salvó de la matanza de inocentes en su decreto contra las novelas.

Algunas novelas escojidas de Walter Scott. ¿Esa tenemos? ¿Tambien Walter Scott sabia algo del corazon humano? ¿I cuáles de sus novelas se escojen? ¿Aquellas en que mostró esa sapienza? *No: las traducidas por Mora u Ochoa.* En hora buena; pero es el caso que habiendo sido publicadas cuarenta años ha las traducidas por Mora, i no reimprimiéndose ya las de Scott por pasadas de moda, no se encuentran de venta en las librerías. *Quid faciendum?* Buscarlas i obtenerlas a precio de oro. Esta es una *receta probada* que el médico administra al pueblo para precaverle de una cierta enfermedad, frecuente en los libros españoles.

Robinson Crusoe, El Nuevo Robinson. Inmortales novelas, escritas para entretenimiento de niños, estarán siempre bien en todas partes. El *pueblo* sobre todo las leerá con gusto i aprovechamiento, no solo por estar la una traducida por Iriarte, sino por el interes vivísimo de la narracion. Para unos la forma, para otros la materia, ambas ecselentes.

Ontología de autores antiguos i modernos por Ochoa. A falta de pan, buenas son tortas en achaque de ontologías. Ochoa es un escritor mui adocenado para andárselo recomendando al pueblo donde quiera que se halla su nombre, ya sea en traducciones o en compilaciones.

Algunas de las obras publicadas en ediciones económicas (papel pambazo?) *con láminas por Gaspar i Roig.* Pase. ¿Hai en ellas papel impreso? ¿Interesaria su lectura? Basta.

Historia del descubrimiento de América por Barros Arana.

Vida i viajes de Cristobal Colon por Washington Irving. Omitimos el nombre del traductor que el de la lista da. Al lado de Washington Irving, el empresor del libro i el traductor poco importan.

El Instructor, La Colmena, El Mensajero de Lóndres, i *Catecismos, por Ackermann.* Una biblioteca popular no es un museo de curiosidades. Aquellos tres escelentes periódicos ilustrados fueron escritos hace cuarenta i cinco años, i se agotaron las ediciones. ¿Qué interes hai en leerlos hoi, que no satisfagan cumplidamente los periódicos de la época? ¡Si habrá gato encerrado en todas estas estravagantes recomendaciones, i se nos oculta a los profanos la verdadera razon del Quijote, de Scott, de Ackermann i de Ochoa! Si será que en los tales libros i catecismos, para beneficio del hombre comun, "son escríptas é puestas et asentadas todas las cantigas mui dulces é graciosamente assonadas de muchas é diversas artes. E todas las preguntas de muy sotiles invenciones, fundadas é respondidas; é todos los otros muy gentiles desires limados é bien escandidos; é todos los otros muy agradables é fundados procesos é requestas, que en *todos los tiempos pasados fasta aquí,* ficieron é ordenaron, é componieron, é metrificaron el muy esmerado é famoso poeta Alfon Alvarez de Villasandino, é todos los otros poetas é religiosos, maestros en theologia, é caballeros, é escuderos, é otras muchas é diversas personas sotiles que fueron é son muy grandes desidores, é hombres muy discretos é entendidos."

El Correo de Ultramar: Circula en la República Arjentina a centenares de ejemplares; pero a falta de mensajeros, instructores, colmenas i catecismos de Ackermann, con esclusion de otros periódicos ilustrados actuales, i aun sin eso, sea bien venido el *Correo de Ultramar.*

Manuales de Artes i Oficios. I va de manuales! ¡Qué bien vendría una Enciclopedia!

Los Grandes Inventos, de Figuier. Escelente libro a que deben añadirse del mismo autor traducidos a todas las lenguas menos al español: *La Tierra antes el Diluvio, El Mar i la Tierra, El Mundo Vegetal,* donde se habla de una ciencia que se llama Fisiolojia.

Anales Científicos, por.....

Viajes modernos, por Charton. Prima anual que da a sus suscritores el *Correo de Ultramar,* doradita, elegantita, bien encuadernadita. Si el que lo recomienda busca en el libro, no solo las cubiertas, sino su circulacion en manos de todos, a diferencia de la *Colmena* i demas en que parece buscar el que sean rarísimos, las bibliotecas es seguro que ya lo tendran de antemano. No es caso este que requiera la licencia del ordinario.

Viajes en el siglo XIX.

Elementos de Física, por Ortiz. Libro escelente, escrito para servir de testo en colegios i universidades. Si no estamos mal informados, el Rector de la de Buenos Aires lo desechó por no ser bastante científico.

Tratado de Urbanidad, por Carreño. Mucho se cuida de la urbanidad el Rector! Este libro está adoptado en las escuelas de Sur América (Appleton). Las lecciones de moral i urbanidad de Urcullu, tambien adoptadas en las nuevas escuelas, hacen juego con el *Nuevo Robinson*, i no vemos porque no se mienta, entre tanto libro infantil.

El Agricultor de Buenos Aires (2ª edicion). Pobrísima cosa para enseñar agricultura. Acaso no haya mas que esto en español. Razon mas para traducir el *Agricultor Americano*, aprovechando de sus magníficos gravados, sus millares de viñetas ilustrativas de rejas, puertas de campo, de cercas, cortijos, máquinas, instrumentos, i faneas de campo, i ademas lo que el autor de la lista pedia—"descripcion de animales, plantas, flores, cereales," esto es cultivo, cultivo, cultivo de la tierra, por los medios mas intelijentes i económicos.

El lector creerá que le escatimamos algo, si le decimos que aquí termina "la *lista de los libros españoles que pueden servir de base a una biblioteca popular.*" Toda la lengua castellana, rebuscando periódicos, catecismos i antiguallas de principios de este siglo, i recojiendo de las escuelas i de los salones los testos de enseñanza o los aguinaldos que prodigan los diarios, no le han subministrado sino dos traducciones i un libro orijinal que tenga materia i tamaño de tal.

Lista de la ropa blanca
Que lleva mi hijo Crispin,
Estudiante en Salamanca.
Lo primero:—UN ESCARPIN.
I con esto.... aquí dió fin,
La lista de ropa blanca
Que lleva mi hijo Crispin,
Estudiante en Salamanca!

I de historia, ni el nombre ha de oir el *pueblo!* La historia de Grecia, de Roma! La historia de Inglaterra, de Francia, de los Estados Unidos! todas las historias escritas, tantas escritas! La de España misma, nada, nada! Consejero de perdicion! Habia proscrito todos los libros, por incorrectos unos, por *nocivos* casi todos, como el califa Omar dió su sentencia! Que desacordada pasion lo ha estado dominando al condenar así a la España misma, cuyos libros actuales no le merecen mencion; a todas las naciones si su pensamiento no pasa por ciertas abluciones i fumigaciones que él le prescribe! Diráse que damos demasiado valor a escritos pensados i hechos a la lijera? Ante esos valladares, sin embargo, se están estrellando los esfuerzos en Sud América para estender la esfera de los conocimientos i popularizar los libros que los llevan. El informe del Rector de la Universidad de Buenos Aires fué apoyado, aprobado completamente por un sacerdote al dia siguiente en una segunda nota, publicada en los diarios, i la autoridad de la Universidad i de la Iglesia, el fallo de la Academia i de la Inquisicion reunidos impusieron silencio al patriotismo, al espíritu civilizador; i la Sociedad Ausiliar de la Biblioteca de San Juan, leido en sesion ordinaria el informe, se disolvió no habiendo vueltose a reunir mas sus miembros. Carta que se nos comunica dice: "El informe mató las bibliotecas. *Requiescant in pace!*"

En nombre del pueblo americano,

LAZARO LEVÁNTATE!

AGRICULTOR AMERICANO.

La agricultura para la materia orgánica es como la metalurjia para el mundo inanimado, una ciencia práctica que tiene por objeto enriquecerse i embellecer la vida. Todo lo que sale dé estos límites no es agricultura: será botánica, fisiolojia vejetal o lo que se quiera. La agricultura debe dar provecho i placer. La agricultura, pues, es hoi el sistema de aplicar la mayor cantidad de saber i esperiencia posible al cultivo de la tierra, con el menor costo i el mayor provecho posibles, enriqueciendo al cultivator i embelleciendo su morada. Lo primero se obtiene por la personal i la ajena esperiencia. La ajena nos llega en libros. Lo segundo, ahorrándose errores, en la eleccion de las plantas i metodo de cultivarlas, i economizando salarios i gastos. Esto último se logra adoptando los metodos i los instrumentos perfeccionados de agricultura de las naciones que los poseen. La América del Sud en jeneral se distingue por el atraso de su agricultura, que es puramente tradicional, tal como la trasplantaron los españoles, que la habian tomado de los romanos. *Arado* del latin, *azada* del árabe, son hoi los mismos instrumentos de labor que llevan ese nombre de dos mil años a esta parte.

Los Estados Unidos por contraposicion son entre los pueblos modernos los que mas instrumentos de agricultura han inventado, con el objeto de hacer menos costosas las labores que el campo requiere; i como no basta esto para obtener los resultados de una buena agricultura, se han formado sociedades que tienen por objeto reunir observaciones i difundir conocimientos entre los labradores. Publícanse para ello informes anuales que circulan por millares, i periódicos de agricultura que tienen centenares de miles de suscriptores; i no hai hombre, aunque el emigrante europeo sea, que en diez años de leer cada mes un nuevo tratado de agricultura práctica no acabe por aspirar a conocer la parte científica. Merced a esta jeneralizacion, los consejeros del labrador han llegado a disponer de medios tales de accion que pueden prodigar gravados i viñetas que ilustran los asuntos de que tratan i cuestan enormes cantidades, que nadie sin esta circunstancia podria emplear en obra de tan poco precio como es un periódico. Entre los muchos que circulan en los Estados Unidos, ninguno ha alcanzado a mayor circulacion, i por tanto a mayor baratura, como tambien variedad, interes en las materias, i abundancia de ilustraciones que el *American Agriculturist* de Nueva York. Siendo imposible en la América del Sud, por no hallarse en condiciones industriales correspondientes, imprimir e ilustrar un periódico sobre agricultura, creemos que todo lo que debe procurarse es hacer circular el *Agriculturist* en toda la estension de la América, traduciéndolo al español, trabajo sencillo en Nueva York, donde residen centenares de cubanos, españoles i americanos que se pondrian al servicio de los editores de este periódico que, a mas de la edicion inglesa, hacen otra en aleman. Como jardineros i horticultores suelen conocer una de estas lenguas, i que no son pocos ya los propietarios nacionales o estranjeros en América que las poseen, les indicaremos se suscriban al *American Agriculturist* para que conociendo su ventajas i adaptabilidad a la agricultura de aquellos paises, su *vista* abra el camino al *Agricultor Americano* que debe seguirle, en castellano.

Nuestro objeto es solo hacer posible la difusion de los conocimientos necesarios a la agricultura. Un periódico barato con láminas, es una biblioteca entera que nos trae al hogar toda la humana ciencia sobre aquello que personal i pecuniariamente nos interesa.

No gastaremos palabras en consideraciones jenerales. Vamos a los hechos. El número último de *Agriculturist*, en veinte i cuatro pájinas de testo de tres columnas, en folio, contiene los siguientes encabezamientos e ilustraciones:

Frontispicio. Un gravadado reprensentando dos carneros, modelos o tipos de cria, copiados del natural.

Indicaciones acerca de las labores. Cada mes trae las suyas en relacion a las faneas correspondientes a la estacion. Si hubieramos de tomar por indicaciones cada título, hai sesenta sobre diversas cosas de conveniencia.

Cómo se hace el queso de Cheddar, con ocho viñetas para mostrar los varios procederes.

El opossum (Didelphus virginiana). Historia natural, un animal americano, *Tortuga verde (Chetonia Midas).* Ambos con láminos.—Cultura de la Zanahoria.—Conducir caballos con el arado.

Estudio sobre la pata de la oveja (tres láminas), para curar sus enfermedades. Mamparas de plantas para abrigos.—Cultivo del algodon.—Barracas para guardar pasto, tres viñetas.—Cercos de piedras (pirca).—Cultivo de la patata.—*Amigo i sirviente*, magnífico gravado en honor, diremos así, de la belleza moral del perro. Qué cabezas!—Jardenería de ventanas. Cultivo de las enredaderas que han de adornarlas (una lámina). Una enredadera nativa (*Atragene Americana*), una lámina de la flor.—Cultivo del *horseradish* i máquina para rasparlo.—Notas sobre la uva i el cultivo de la vid.—Educacion de la vid i manera de tenderla sobre alambres, dos viñetas.—El árbol judas (*cercis canadencis*), una lámina.—Adornos construidos en casa, tres modelos en viñetas—Las ojas del diario de una dueña de casa, n° III.—Otras ojas n° III.

COLUMNAS CONSAGRADAS Á LOS NIÑOS.—Los cuentos del Dr. a los chicos.—Lecciones divertidas, con diez viñetas.

Grande escitacion en la familia de los monos. Rico gravado, pintando una escena de monos sorprendidos i admirados, con la vista de un cuadro en que figura uno de ellos, etc., etc., etc.

¿Cuánto vale la instruccion que con estas diez i seis pájinas i cuarenta viñetas i láminas puede adquirirse, repetida i variada cada mes, por una serie de años? Otro número trae modelos de cercas i la manera de construirlas de variados diseños; otro de bodegas, granjas, establos, lecherías, cortijos, con sus correspondientes esplicaciones, todo el alcance del buen sentido del labrador que sabe leer.

El *Correo de Ultramar* circula en Sudaméaica con otros periódicos ilustrados a millares de ejemplares. ¿No los encontraria este que tantas curiosidades útiles satisface, que tanta nocion práctica subministra, que tanta plata puede retornar en cambio de la suscripcion, con la aplicacion i observancia de sus preceptos?

Hechos prolijamente los cálculos de costos de impresion, i dada la traduccion, proponemos desde ahora proceder incontinente a suscribir al AGRICULTOR AMERICANO en las casas de consignacion de AMBAS AMÉRICAS en los siguientes términos, sin pago anticipado, hasta conocer el número de suscriptores:

Doce números al año (dos mil columnas de testo):

Por un número	$ 4
Por dos números..............	7
Por cinco números............	16
Por diez números.............	25

Debemos prevenir que el *Agricultor Americano* será simple publicacion en castellano del *American Agriculturist.* El interes, materia, i gravados i viñetas serán en uno i otro los mismos; i en esto está la ventaja de este sistema, pues de otro modo no se obtendria tan barata edicion con tan costosas ilustraciones.

De los avisos se tomarán los que convengan a Sudamérica, e interese enviar a los fabricantes i esportadores de máquinas.

En Buenos Aires la Sociedad Rural, i en Chivilcoi la Municipalidad han dado ya aviso de estar resueltos a impulsar la empresa. Si en Chile, donde la agricultura es mas estensa i en las otras repúblicas halla propagadores i suscritores, el *Agricultor Americano* empezará por vivir, i acabaria en diez años por alistar en su clientela cien mil suscritores, como su hermano el *American Agriculturist.*

Tomamos de un diario de Buenos Aires, la siguiente correspondencia oficial :

LE PRESIDENTE DE LA SOCIEDAD RURAL ARJENTINA.

Sr. REDACTOR de la *Nacion Arjentina.*

Buenos Aires, Febrero 1.° de 1866.

La sociedad rural, deseando asegurar los medios de existencia de una manera sólida, para poder así producir todos los bienes de que una institucion con las tendencias de ella es susceptible, escribió a algunos de nuestros agentes en el estrangero, anunciándoles su instalacion i pidiéndoles su apoyo. Hoi en posesion de las contestaciones de algunos de ellos, cree de su deber hacerlas conocer del público, empezando por las de los Exmos. Sres. Ministros Plenipotenciarios en los Estados Unidos del Norte de América i en Francia, aprovechando esta oportunidad para agradecerle a ambos a nombre del pais la solicitud que toman por su prosperidad i larga vida

De Vd. Sres. Redactores : S. S. S.

JOSÉ MARTINEZ DE HOZ.

SR. PRESIDENTE I MIEMBROS DE LA SOCIEDAD RURAL ARJENTINA.

Nueva York, Noviembre 22 de 1866.

Estimados Señores :

He recibido la nota de VV. en que se sirven invitarme a ayudarles desde aqui en la útil empresa que han acometido, en terminos tan satisfactorios para mi, que a no tener otro estimulo, el deseo de merecer tanta confianza me bastara.

Han debido VV. recibir la carta que les escribi con solo ver anunciado en los diarios que se iniciaba la idea. Estando por entonces en Cambridge, encomendé a un amigo reunirme las *memorias* de las sociedades Agricolas de Massachusset, que ya tengo en mi poder i les envio acompañadas del *American Agriculturist* completo, i una coleccion de preciosos tratados de que hablaré mas adelante.

Con la nota de VV. llegaban correspondencias impresas i noticias, comunicandome detalles, cuyo conjunto me daba la idea de que algo se opera en nuestro pais, que estiende el horizoute i abre nuevos caminos.

La inauguracion del último tramo del ferro-carril del Oeste, ha dado lugar a recuerdos, a resurrecciones, diré, de trabajos que en su tiempo pasaron inapercibidos, i que ahora se presentan en frutos sazonados, a la contemptacion de todos. Batalla ganada sobre toda la linea, esclamé al leer un discurso del Sr. Estrada, al inaugurarse i levantarse el velo que cubria en la Escuela el Grupo del *Venire ad me Parvullos,* los datos estadisticos de Chivilcoy, un número del Correo del Domingo, en que hice una ejemplar justicia, i una carta de un jóven Quiroga, que me anuncian que pasaban de dos mil los volúmenes de la Biblioteca de San Juan.

La carta de VV. venia a completar el cuadro de desenvolvimiento inteligente que veo operarse i que VV. están destinados a impulsar mas i mas.

He recibido igualmente sus Bases i el reglamento de la sociedad, sobre los que me permitiré someterles algunas consideraciones.

Entre los discursos de Civilcoy, he encontrado una lectura del Sr. Olivera, a quién sigo siempre con interés en sus trabajos tan útiles, i con este motivo me ocurre sugerirles que creen la plaza de secretario perpetuo que debe recaer en persona de iniciativa i que venga a ser como la esencia de la sociedad misma, por la idea i por la ejecucion. En el Departamento de Agricultura de Massachussets, es secretario Mr. Flint i gracias a él, ha llegado aquel establecimiento a un grado de *usefulness* tan admirable.

Muchas sociedades en nuestra América se han iniciado con entusiasmo i muerto en manos de sus promotores, solo por que les faltó este muelle real que las mantenga en actividad. Recordarán VV. que dando Voltaire esplicaciones a una actriz para representar ciertos pasajes de la Merope—si no estoi trascordado—deciale esta:—pero ni el diablo que haga eso—Pues precisamente—le replicaba el viejo—es preciso tener el diablo en el cuerpo para representar la trajedia.

Necesitan pues VV. uno que tenga el diablo en el cuerpo para llevar adelante una idea, sostenerla, luchar con las dificultades i vencerlas a fuerza de paciencia i esperanza, en mejores tiempos, *mejores hombres*, que sepan hacer el lomo duro, como dicen, para recibir los golpes i zurriagazos que le esperan por querer persuadir que el cultivo de la tierra por ejemplo permite criar mas vacas i con mayor provecho, i otros absurdos asi que al fin resultan verdades de Pero—Grullo, como decia uno de un robo que la habian achacado, i que tanto dieron i temaron los jueces . . . . . que al cabo salió cierto !

La idea es espléndida, i la ejecucion no tardará en fortificarla. Sobre detalles de ejecucion, no me detendré en darlos, pues luego encontraron en las memorias que les envio, el resultado de una práctica que ya ha pasado a ritual aquí, convertidas las ferias o exhibiciones en verdaderas fiestas de tabla en cada pueblo i Estado. Si a las ferias añaden las carreras de caballos, tendrán VV. sus dias de gala i recreo en que el pueblo llano se asocie a la obra de mejora, recibiendo lecciones por los ojos con cortas esplicaciones orales de los informantes, oradores, etc., etc., etc.

He visto los datos estadísticos de la propiedad i producion de Chivilcoy, i creo que esta leccion práctica dará en qué persar a muchos de nuestros hombres de estado. Al mostrar aquí el plano del departamento Rural de Chivilcoy, con su damero de lotes, los yankees creen ver uno de los de la oficina de Tierras Públicas aqui, o de los empresarios de colonizacion para ventas de terrenos públicos. Seria preciso saber cuál es terreno de estancia comprendido en él, i cuanto el de labor, para apreciar los productos relativos. La cuestion está resuelta sin embargo.

El Dr. Costa me ha indicado la idea de aplicar a la Pampa, es decir, a la llanura poblada pero no cultivada, el arado de vapor. La idea puede traer una revolucion con el resultado. No produciéndose ganado en nuestro pais sino para esportar sus productos, de averiguar es si una legua sembrada de vacas, a tres cuadras de distancia una de otra, produce mas que el mismo terreno sembrado de trigo, a una de una cuarta en cuadro, o de maiz a vara i cuarta. Yo infiero que se tendrá por sentado que de vacas es mas provechoso, de lo que yo dudo un poco, porque recuerdo que en Francia hay doble número de ellas, de ovejas, cerdos i caballos, quedando espacio i medios de alimentar diez veces mas bípedos que en nuestro país, los cuales allá i aquí merecen siempre se les deje un lugarcito donde pararse.

Pero uds. pudieran, sin ir tan lejos, ensayar en Chivilcoy, donde supongo se habrá formado asociacion agrícola como la de vds., bajo la direccion de D. Manuel Villarino, Suarez o Krausse, la siembra de maiz o trigo con arados perfeccionados, máquinas de segar i desgranar, trillar, etc. Si un hombre entendido i económico se encarga del ensayo, bastará comparar el rinde i los costos con igual estension por los medios ordinarios, pasar un informe a la Sociedad Rural con observaciones, imprimirlo, etc., etc. Es bellisma la comparacion que le oi hacer al Sr. Henry Beecher, hablando de educacion en un *meeting* monstruo. El Chacarero, decia, ignora que posee mas de tres pulgadas de espesor bajo el terreno que pisa. Dalo vuelta i lo mas que queda lo tiene en poco. La ciencia agricola le enseña que son suyas trece pulgadas de profundidad. Los europeos en materia de educacion han rascado solo el pueblo i cultivado la corteza esterior. Nunca han sepultado bien hondamente el arado de la educacion en el pueblo para dar vuelta lo de abajo para arriba, a fin de hacerlo mas productivo."

Estoy seguro que saludaran con un hurra al carnero merino que vá en el frontispicio del último número del *Agriculturist.* Veré si puedo obtenerles el *electrotipo* para su proyectado trimestral. No sabria qué aconsejarles con tespecto a esta publicacion. En materia de agricultura la lámina enseña mas que las palabras—tipos de razas mejoradas, plantas, flores, insectos nocivos, historia natural, granjas, establos, cercos, puertas rústicas, instrumentos, maquinas, labores especiales, etc., etc., todo requiere la vista del objeto o el plano de la construccion, i en la dificultad de procurarse diseños i obtener ejecucion correcta i barata, se estrellarán por muchos años los esfuerzos. Si examinan los primeros volúmenes del *Agriculturist* i comparan sus láminas en abundancia i perfeccion con las de los últimos años, notaran cuánto han necesitado de tiempo i suscritores para llegar a tanta perfeccion. En todo caso, si Vds. insisten, puedo procurarles los electrotipos de las láminas que me indiquen. Algo será siempre mucho. La grande, la digna empresa de hombres de pró era traducir al castellano el

Agriculturist tal cual sale a luz en ingles i en aleman todos los meses. Ya se vé. Me parece que el castellano mismo se ha de resistir a repetir en su lengua bozal algo que sea útil. Si fuera versos, o declamaciones vacias o pomposas, declaraciones de liberalismo, pase; pero agricultura en castellano, jeolojia en castellano, hablar de cercos i de inventos. . . . . . un diablo! se ha de volver mudo o decir las cosas al reves, para que el anima de Cervantes o de Góngora no rabie. Hagamos sin embargo la prueba. Supongo el número 1° del volumen que principia en 1867. Se hace traducir aqui por habaneros que piden trabajo i se tiran cinco mil ejemplares. Se mandarán a todos los pueblos del habla en ambas Américas a guisa de prospecto. La mayor parte se pierde i nadie o pocos contestan. En Chile, pais agricola i donde un vijésimo de la poblacion lee, toman mil ejemplares por lo barato i el vulgo por los *monos* (el pueblo distingue las figuras en santos i monos). En Buenos Aires tomarian menos, pero aqui está la Sociedad Rural para ir de puerta en puerta, de tapera en galpon, haciendo suscribir a pulperos i sastres, mientras hai agricultores.

En las Provincias algo se haria: en Mendoza, Tucuman, San Juan, agricultores, se sabria asi cuantos suscritores podrian obtenerse.

El método natural, eficaz seria principiar la publicacion i a Roma por todo. Oh! si hubiera un tonto que dijese allá van 6000 ps. para responder de un año de existencia! no faltaria otro que dijiese respondo del segundo año i al tercero el AGRICULTOR AMERICANO—hispano americano—tendra veinte mil suscritores; i el viajero que dentro de seis años atravesase la América i en lugar del *rancho* viese una casita rodeada de árboles i jardines, diria por aqui han leido el Agricultor i visto sus modelos i seguido sus instrucciones i consejos, pues asi se ve en los Estados Unidos en medio de los bosques la cópia fiel de la lámina del Agricultor, segun los años que cuenta. Pero tales perdidos no hai por allá. Este año Peabody ha empleado cosa de millon i medio de *dollars* en escuelas i colejios, uno de ellos para enseñar especial i esclusivamente ciencias naturales, creyendo que en los estraordinarios progresos que este país hace, se deja sentir la falta de mas generalizados conocimientos en los que se aplican a la industria i a los goces de la vida.

De los libros que van i que no tengo tiempo de examinar, quizá convenga traducir algunos, i esta empresa tocaria a los consocios que puedan hacerlo con intelijencia. Si VV. logran escitar en las villas de campaña i en las ciudades del interior el mismo interés que los anima a VV., tendrán en cuarenta sociedades agrícolas, colaboradores celosos i en pocos años de circular ideas, libros, láminas i maquinas, el país se habra transformado, duplicando su produccion i mejorado la condicion de sus habitantes. Lo que al pueblo le falta es iniciativa. La resistencia viene de mas arriba. Los jefes de frontera querian ensayar el sistema de forraje para la caballería; pero eran sábios que nunca han montado a caballo, los que en la prensa o en las Cámaras se oponion a su introduccion. Nunca me olvidaré de lo que me decia un peon jornalero a quien veia trabajar con la azada en el cementerio de San Juan. Con motivo de que se yo qué (quizá por la disposicion a haraganear de peon i patron) alentándose a conversar con S. Ecselencia, dijo al fin, "aunque yo soy un pobre, pero no dejo de conocer la diferencia de este Gobierno de ahora al del General"(Benavides), i me hizo la lista de todos los trabajos públicos emprendidos como si fuerá él el ministro, aprobándolos i esplicando en qué estaba lo bueno.

En Buenos Aires, sobre todo, es característica la predisposicion a desprenderse de toda añeja práctica i a entrar en nuevas vias. La introduccion de *negretes* i *rambouillet* en cantidades que ni en Australia ni en el Cabo han soñado, la rapidez con que se han propagado, el afan del paisano por tener un *padre*, muestra con cuánta rapidez se difunden las ideas. La desgracia es que en otros respectos recorren un círculo vicioso, gravitando en torno de ciertos puntos fijos que se toman por principios reconocidos, por cirunstancias especiales del país, y que no son sino ideas locales i localizadas, viejos senderos por donde todos los pueblos han pasado para no volver. Toda la América del sur fué Pampa para los colonizadores, i lo es todavia en gran parte para sus descendientes. En los Estados Unidos no se encontraron con Pampas los puritanos, aunque haya praderas, sabanas que son tratadas como el bosque, salvo el uso del hacha, a punta de arado; i donde una mata de pasto nacia espontáneamente, pusieron diez con lo que comian el amo i el ganado, i fueron necesariamente cinco veces mas ricos, aunque las otras cinco plantas se fuesen en pagar el mayor costo. La Pampa, por otra parte, es pobre, de los dotes naturales de la tierra, madera, arena, piedra, cal, yeso, i desnivel para el agua. Es preciso ayudarla con la silvicultura que la hará sombra contra el sol, mámparas contra el viento i cercos para la propiedad. Cuánto no pueden hacer vds.!

Remito a Vs. una serie de manuales, sobre materias que estan intensamente relacionadas con sus trabajos i me permitiré entrar en consideraciones con respecto a su importancia. Desde luego se hacen recomendables por su aplicacion a las necesidades de un país en que todo está por hacerse, i poco digno de continuarse nos ha legado el pasado. Si estos trataditos fuesen traducidos al castellano i difundidos por toda la República, no pasarian muchos años sin que se sintiesen sus efectos. Su costo seria soportable desde que no llega ninguno de ellos a 200 pájinas de impresion i los grabados que los acompañan se obtendrian con facilidad si se mandan imprimir a las mismas casas editoras del orijinal.

LA CASA.

Con 170 pájinas i cien planos de edificios rurales, conteniendo: El oríjen i significado de la casa—Arte de edificar incluyendo plano, estilo i construccion.

Diseños de chozas, cortijos, granjas, villas i fachadas de varios precios, etc. etc, instrucciones para techar, edificar con piedra sin labrar, adove, quincha etc. etc.

Este librito solo bastaria para obrar una revolucion en nuestra arquitectura rural. Nada hay que mas desfavorezca en el concepto de los viajeros en la América española como el *ruin* aspecto de la morada de los campesinos. El *rancho* está revelando despues de tres siglos de conquista que el indio ha fijado en un punto su *toldo*. El español conserva la morada de tapia i adove, que el árabe introdujo en el Sur de España i trasplantó a América. Ni aun las personas acomodadas pueden, si quisieran, construir residencias de campo cómodas i elegantes. Cuando un provinciano quiere salir de la rutina, faltándole modelos, hace una casa segun su idea i rara vez deja de ser una estravagancia por falta de esperiencia i gusto. Los numerosos planos de edificios que este libro contiene, con la planta i esplicaciones, proveen de modelos al alcance de todas las fortunas é inteligencias, i no hai paisano nuestro que posea seis cuadras de terreno ó mil ovejas, que no sea capaz de injeniarse para efectuar el que mas crea convenirle.

Pertenecen a esta misma categoria el libro *Casas de campo* de Woodyar, octava edicion i *arquitectura perspectiva de jardines i arte rural*, del mismo autor.

Este último, como es relativo a ornamentacion, les interesa mas en Buenos Aires que en otras partes, mas a V.s señores socios que al comun de los labradores. Nada es mas divertido por lo ridículo, (así era antes) que los magníficos palacios de los ricos de Buenos Aires en el campo, alineando la calle estrecha i polvosa, o puestos al fin de una tripa ó caño de arboles cuando estan lejos. Alguna vez dije algo sobre eso con las precauciones necesarias *en el mejor de los mundos posibles.*

La colocacion, vejetacion adyacente i perpectiva de las casas de campo, sin embargo, estan sujetas a reglas que, tomadas del gusto ingles, hacen lei ya para todo el mundo civilizado.

Este librito familiarizaria con los mas sencillos i realizables modelos.

EL JARDIN.

Que trata de la cultura práctica i de la manera de cultivar frutos, vejetales i flores. Escusado es que me estienda sobre este punto. Cada uno cree saber un poquillo en la materia. Grijera es nuestra última palabra en achaque de horticultura. Este librito es Grijera con medio siglo de estudio mas. Como un apendice a este ramo va el de *Conservatorio o edificios de jardin.*

EL CORRAL.

Manual para la cria i manejo del ganado caballar, ovejas, especies de animales domésticos, etc.

Cuando el Ejército Grande avanzaba sobre Buenos Aires un Estado Mayor de sesenta gefes, marchaba en grupo i conversando en alta voz a fin de hacerse oir de auditorio tan disperso. ¿Cual es el pueblo mas de a caballo? preguntaron a uno que gastaba silla en campaña creyendo poner en aprieto, con pregunta que forzaba a reconocer la superioridad del gaucho?—Los ingleses—contestó el tal, con la mayor compostura. Risa general, esplicaciones i necesidad de reconocer (hasta por ahí) que los gringos si no se aguantan un corcobo, es porque saben educar los caballos.

Algo se podria decir en favor de su habilidad para criar ganado con poco terreno, mucha carne i leche i diez veces mas valor que aquellos ariscos, huesudos, cornudos novillos de los cuales veinte cuentan por uno, i si no dan grasa, ni mantequilla, dan Artigas, Quiroga, Rosas, producto del ganado, i despues otros mas mansos pero no menos dañinos.

Si el *Barn Yard* no se recomienda por la doctrina ante el areópago, alegará en su disculpa, las láminas de las razas mejoradas de vacas, ovejas, cerdos i gallinas i sobre el estudio del caballo con numerosísimas viñetas i el arte de amansarlo de Rarey, que no calzó bota de potro.

ARBOLES DE BOSQUE.

Esta cultura debe de difundirse en las campañas. La Pampa es como nuestra República, tabla rasa. Es preciso escribir sobre ella, arboles—Es la tela en que ha de bordarse una nacion. Rosas ponia en todos sus decretos i actos. " Mueran los salvajes unitarios " ponga la Sociedad Rural en sus esquelas, notas i avisos *Planten árboles*. Para qué mas detalles ?

LA CHACRA.

Traduzcan V. V. en este lugar i de este librito todo el título del tratado, i esto dará una idea completa de su contenido. " Para hacer mas productiva i beneficiosa la agricultura es necesario que sus principios sean mejor entendidos de todos i que nosotros aprovechemos mas de la esperiencia de otros."

Verdades de Pero- Grullo que aun no han entrado en nuestro sentido comun. Basta lo dicho para dar una idea de los libros que remito. Su traduccion al castellano seria obra de poco costo i tiempo, principiando por los que juzguen mas necesarios. Dos meses despues de enviados los manuscritos les enviaria dos mil ejemplares con las mismas láminas del original ingles i quizá al costo de cincuenta centavos cada uno. Los estereotipos darian ocasion de repetir las ediciones.—Las sociedades i corresponsales en las otras ciudades i villas proporcionarian medios de difusion i los ferrocarriles harian el resto. En los trenes se venden mas libros que en las librerías, porque allí el libro es la montaña de Mahoma que viene a buscar al creyente que no iria en su busca. El fastidio de largas horas de lo mismo, nos hace buscar algo con que truncarlas, i ya Montesquieu habia descubierto la ventaja de *cambalachar* horas de fastidio por otras de entretencion, leyendo.

Empezarán nuestras gentes a consumir papel impreso ?

Con lo dicho creo haber llenado el deseo de Vs. al pedirme que algo les escriba. Para que les suministre ideas tienen Vs. al Sr. Olivera, yo no tengo en esto, como en algunas otras cosas, sino maneras de obrar que suministrarles.

Esta es la moral en accion.

Queda a las órdenes de Vs. como socio honorario i obediente servidor—

D. F. SARMIENTO.

LEGACION ARGENTINA.

Paris, 24 de Octubre de 1866.

Sr. Presidente: Con vivo interes i satisfaccion me he impuesto de la comunicacion que V. ha sido servido dirijirme, participándome la formacion de una asociacion que el pais necesita, i que está llamada a prestar grandes servicios a la industria mas importante.

Cuente V. con mi mas decidida cooperacion en todo aquello que pueda concurrir a poner al corriente a la sociedad que V. preside, sobre las publicaciones que se relacionan con los fines de la Asociacion Agrícola.

Aprovecho gustoso esta ocasion para ofrecer a V., i por su conducto a los señores socios, el testimonio de mi mas atenta i distinguida consideracion.

MARIANO BALCARCE.

Al Sr. Presidente de la Comision Agrícola, D. José Martinez de Hoz.

La Sociedad ha sido honrada por el Sr. Balcarse con el obsequio de las obras siguientes:

Traité complet du Droit Rural, por A. Bourguignal, 1 volúmen; Bulletin du Conseil Supérieur d'Agriculture, 1 folleto; Progresos de la agricultura europea, por F. X. Rosales, 1 volúmen.

De los Estados Unidos: Diez volúmenes de *Memorias* de Sociedades Agrícolas de Massachusets.—Diez vol. del *American Agriculturist*, encuadernado: Country Homes—The House—Forest Trees—Grapes and Wines — Graperies — Rural Architect—The Garden—The Farm—The Barn Yard—The Horticulturist.

LIBROS RECIBIDOS.

—

INDIANOPOLIS.

Asociacion de Superintendentes de Escuelas.—Asociacion Nacional de Maestros.—Asociacion Nacional de Escuelas Normales, tenidas en Indianapolis, Ind., Agosto 1866.

Léese en la reciente publicacion de las actas de aquellas tres asociaciones lo siguiente:

Miembros honorarios de la Asociacion Nacional de Maestros :

S. Escmo. Gobernador Morton, Indiana.
S. Escmo. Ministro Arjentino D. F. Sarmiento, Nueva York.
Rev. N. Day, Indianapolis, Ind.

SESION DEL 17 DE AGOSTO.

Se resuelve : Que este consejo dé las gracias al señor Sarmiento, i se ordene al tesorero preparar dos ejemplares encuadernados convenientemente de las transacciones de esta sociedad, uno de ellos para su gobierno.

DISCURSO PRONUNCIADO POR EL MINISTRO ARJENTINO :

Me ha cabido la buena fortuna, gracias á la bondad de Mr. Northrop, de ser asociado al primer paso dado hace algun tiempo en Washington en la empresa que la presente asamblea se propone avanzar.

Mientras el Congreso discutia la ley que crea una oficina central de educacion, tuve el honor de trasmitir a mi gobierno copia del proyecto de lei, urjiéndole que propusiese igual medida para pais que la necesita diez veces mas que los Estados Unidos.

Nuestras instituciones son igualmente federales, i tenemos Estados mucho mas atrasados en la difusion de la educacion i en todo grado de cultura que los mas remotos Estados del Sud de esta Union. De aquí proviene que los motivos que hayan de ser expuestos en esta asamblea para difundir i jeneralizar la educacion por todos los Estados, i los medios prácticos que se indiquen para conseguirlo, adquirirán mayor importancia para aplicarlos a mi pais; i me haré un grato deber de informar de ellos a mi gobierno i a los ciudadanos que, como los que aquí estan reunidos, se sientan interesados en el desarrollo de la educacion.

La mas alta mision que la Providencia haya confiado a un gran pueblo es la que cabe a los Estados Unidos de dirijir a los otros por este nuevo sendero abierto a la humanidad para avanzar con paso firme hácia sus grandes destinos.

Es de seis años a esta parte que el mundo comienza a fijar sus miradas sobre este estremo de América, contemplando con asombro el fenómeno de un pueblo que bajo instituciones libres ha llegado en menos de un siglo a ser la primera nacion de la tierra en riqueza, enerjia, industria e intelijencia.

Nada nuevo, sin embargo, sino es la gloria adquirida en cuatro años de guerra, presentaban a la contemplacion del mundo los Estados Unidos. Sus libertades eran tan antiguas como su ecsistencia: su riqueza venia creciendo en proporciones desconocidas: sus sistemas de educacion comun i científica habian ya llegado a un alto grado de perfeccion.

La obra de Morton Peto *sobre los recursos i el porvenir de los Estados Unidos* no es la única muestra de la investigadora curiosidad con que la Europa mira este pais. Mr. Gladstone no ha tenido a menos en el Parlamento inglés aceptar el cargo que le hacian de adoptar principios norte-americanos en su proyecto de reforma electoral; i supongo que os es conocida la importante obra que escribe Mr. Freeman en Inglaterra sobre la historia del gobierno federal, en la que comenzando por "una vista jeneral de las federaciones griegas," se propone terminar por el estudio del gobierno de los Estados Unidos, que reputa el mas perfecto i adecuado a sus fines que haya sido hasta ahora creado por la humana intelijencia.

Tales semblanzas entre la Grecia i los Estados Unidos no son accidentales. Por medio de la libertad i el cultivo de las bellas artes las antiguas repúblicas griegas llegaron en cortísimo tiempo a desenvolver las mas nobles cualidades del hombre, como los Estados Unidos por medio de la libertad, la educacion comun i la industria estan destinados a llevar la delantera a la especie humana.

Debieran las repúblicas de Sudamérica aprovechar de primera mano las lecciones que la gran república les presenta en tan brillantes cuadros. Desgraciadamente no es así, entregadas como estan a un sistema de perturbacion, cuyo término no se divisa todavia. La causa está en la ignorancia del mayor número i en heredados defectos de estructura, de que no basta una jeneracion para curarse.

Solo vosotros, Señores, que habeis tomado los Estados del Sur como objeto de vuestro estudio, i que emprendeis aplicar remedio a sus dolencias sociales, podreis formaros idea de la condicion de nuestra América, cuando os digo que es como un enfermo que rehusa tomar el sencillo remedio que se le ofrece—educacion para todos—a fin de prepararse para la libertad i la república.

Nuestros *blancos pobres* (poor whites) no vuelven todavia del desaliento moral en que habian de mui de atras caido; i los *blancos ricos*, educados, segun las tradiciones coloniales, se muestran indiferentes a males que no les tocan a lo que parece directamente, aunque ellos sean la causa perturbadora que destruye la riqueza o retarda su desarrollo.

Es vuestra mision estender los beneficios de la educacion desde estos centros de luz hasta este i el otro mas remoto Sur, que aun permanecen cubiertos de sombras. Tenemos que pasear la antorcha por toda la América hasta que todo crepúsculo desaparezca. Vosotros teneis el ejemplo tan cerca, tan maduro el fruto que puede presentarse en toda su perfeccion de forma, color i sabor esquisito, mientras que hablar de educacion comun allá entre nosotros, es hablar de cosas desconocidas i remotas, cual si fuera una utopia que solo el trascurso de los siglos pudiera realizar.

Bajo circunstancias tan impropicias la influencia de las leyes es impotente. El lejislador mismo se muestra incrédulo, i poco solícito ; i cuando se trata de crear rentas para el sosten de la educacion, el contribuyente no vé su propio interes en impuesto a que no estaba acostumbrado. Yo he visto sancionar sin oposicion en una lejislatura sudamericana cuatro millones de dollars para defensa de fronteras, i suscitarse una ajitada discusion sobre dos mil dollars destinados a sostener una publicacion como el *Massachussets Teacher.* Un congreso compuesto de jóvenes liberales i de viejos patriotas se opuso diez años a la sancion de una ley creando un impuesto para proveer a la educacion comun.

Sociedades así constituidas necesitan de alguna influencia esterna para correjir sus errores de juicio, con respecto a los medios de salir del círculo vicioso en que inútilmente se ajitan, i esta influencia esterna ha de obrar sobre ellos, i comienza a obrar ya desde los Estados Unidos. La grandeza que los Estados Unidos alcanzan es para los otros Estados materia de admiracion ; pero los hombres, que no pueden estar en admiracion permanente, examinan en seguida, i no tardarán en descubrir el secreto resorte, el regulador de esta vigorosa máquina, que no es otro que la difusion jeneral de la educacion i los espontáneos i perseverantes esfuerzos de los buenos ciudadanos para llevarla a efecto.

Vuestros trabajos, pues, no limitarán su saludable influencia a los Estados del Sur de los Estados Unidos. Mas atras está el sur de la América a donde llegarán tambien algunas de las brillantes chispas que se escapan de estas vuestras discusiones, rompiendo por medio de las torbas nubes que oscurecen la atmósfera. Los inmortales esfuerzos de Horacio Mann son ya conocidos en aquella parte de América : saben ya cuanto ha hecho la *Sociedad Americana de Instruccion* en treinta años de zelosa i perseverante solicitud ; i sabrán luego, lo que estais preparando para poner cima á la obra comenzada por aquel grande hombre, i generalizada por aquella benevolente Asociacion.

Una idea práctica comienza a ser patrocinada en aquellos paises, i solo la guerra encendida por los errores políticos de la Europa en unas partes, por bárbaros que salen de las selvas americanas en otras, pueden retardar su aplicacion. Tal es la de llevar a Sur América, con los sistemas completos de educacion, las leyes é instituciones norte americanas relativas a ella, con los hombres intelijentes que han de ponerlas en práctica.

Esta idea está ya aceptada por mi gobierno, tanto mas cuanto que solo ella puede ahorrar tanteos i los errores inherentes a la inesperiencia. No está pues lejos el dia en que hombres competentes, misioneros zelosos de la gran causa de la educacion, sean inducidos a trasladarse a quellos paises, a dirijir escuelas normales, ser los superintendentes de escuelas de estados i ciudades, i maestros de uno i otro secso para millares de escuelas, afin de iniciar la marcha que desean emprender, i en la que los pueblos vacilan por falta de guias seguros i esperimentados.

¡Qué ocasion tan propicia para desplegar la conocida enerjía norte americana! Qué magnífico teatro para el noble ardor del educacionista! Un mundo por delante, para perfeccionar la obra en unas partes, iniciarla en otras; seguros del buen écsito con la aprobacion de poblaciones enteras. contando con las bendiciones de las venideras jeneraciones!

Entonces, las discusiones de los superintendentes de Escuelas, la Asociacion Nacional de Maestros, o la de Escuelas Normales, cuando habran en adelante de reunirse en Cincinati, a orillas del Ohio, o en San Luis de Missouri, sobre el Mississipi, seran repetidas cual ecos lejanos, por los amigos de la educacion, sobre las playas del Orinoco, el Rio de la Plata, o las faldas de los majestuosos Andes. Aquel dia se acerca; i los trabajos de este meeting en Indianápolis contribuiran mucho a su bienvenida.

PRIMER INFORME ANUAL DEL SUPERINTENDENTE DE INSTRUCCION con los informes de los consejos de comisionados de escuelas, tablas estadísticas i otros documentos que muestran el estado de las escuelas de Maryland en el año escolar que terminó el 30 de Junio de 1866.

ANALES DE LA EDUCACION COMUN en la República Arjentina, hasta Enero de 1867. Buenos Aires.

ANALES DE LA SOCIEDAD RURAL, n° 4°, 1867. Buenos Aires.

EDUCADOR MENSUAL DEL OHIO, órgano de la Asociacion de Maestros. Abril 1867.

INFORME ANUAL de los síndicos del Museo de Zoolojia comparativa en el Colejio Harvard, de Cambridge. Boston 1866.

EL MAESTRO DE MASSACHUSSETS. Abril 1867.

DISCURSOS E INFORMES DE HORACIO MANN.

BARNARD, DIARIO AMERICANO DE EDUCACION. Volúmen XVI, 1866, VI de la Nueva série.

ILUSTRACION AMERICANA. Ultimo número del primer volúmen (periódico ilustrado).

EL ABOGADO EN LA ESCUELA, que comprende las leyes de todos los Estados sobre importantes asuntos de educacion, cuidadosamente compiladas, arregladas, citadas i esplicadas por Mr. M. McN. Walsh, A. M. LL. D.

INFORME ANUAL DE LA COMISION DE ESCUELAS DE BOSTON, 1867, embellecido con una copia fotográfica de la primera órden sobre Escuelas, dada ahora doscientos treinta i dos años por la Municipalidad de Boston i dice así: **El 13 del segundo mes de 1635, "Igualmente se acordó por unanimidad que se rogase a nuestro hermano Philemon Pormont que sea Maestro de Escuela para la enseñanza i direccion de los niños."**

American Agriculturist, N. 3, Mayo 1867.—Láminas: El aloe americano.—Grupo de gallinas importadas.—Sestos para nidos de gallinas.—Oso americano.—Oso polar.—Horquetas, rastrillos i harpones.—Elevacion perspectiva de un gallinero.—Interior de un Acuario de agua salada.—Bambu cinta.—Secso de la frutilla.—Bellos arbustos de flores blancas.—Obras de mano.—Un retrato vivo, etc., etc.

NUEVAS PUBLICACIONES.

Diccionario geográfico de la República de Chile, por Francisco Solano Asta Buruaga, Encargado de negocios de Chile en los Estados Unidos de Norte América, etc., 1867. Trabajos semejantes de cada una de las secciones americanas, con la etimolojía de las palabras indíjenas, como el presente, pondria de manifiesto los rastros que han dejado los pueblos primitivos, i acaso conecciones que hoi no se aperciben entre unos i otros.

El Naturalista Americano: Un Magazine ilustrado sobre Historia Natural. N. 1°, Marzo 1867. Mensual—Salem—Mass. Publicado por el instituto Essex.—Precio $3 al año. Preciosa, popular i barata enseñanza de historia natural, de que pueden sacar mucho partido maestros i profesores para amenizar la suya propia.

Un Papel para Jóvenes. Vol. 1º, N. 2°, Nueva York. Precio, 5 centavos semanal. Es una escelente materia de variada lectura para jóvenes. En casi todas las ciudades de la América del Sur se enseña inglés en clases particulares i colejios, faltando no pocas veces testo para los estudiantes. Si los profesores de esta lengua indujesen a sus discípulos a suscribir tres pesos por año a esta publicacion, por cada vapor se recibirian los números correspondientes, i millares de ejemplares hallarian colocacion en la América del Sur para aprender el inglés con el inglés.

El Ama. Por $1 50 c. al año, Janny P. Seavern acaba de organizar un Magazine para lectores infantiles. El *Maestro* de Massachussets lo recomienda como de grande utilidad en las familias i las escuelas.

Elementos de Química para uso de Colejios i Escuelas (*en castellano.*)—Libro que contiene los últimos descubrimientos de la ciencia, i en que se indican sus aplicaciones a las artes, i a la mejor intelijencia de los fenómenos de la naturaleza, adornado con mas de trescientos gravados por Eduardo. L. Bonmans—Nueva York—Appleton i Ca.

Cosmografia o descripcion del Universo (*en español.*)—Obra única en su clase para la instruccion de la juventud; adornada con 40 grabados. —Por Benito Roland.

ÍNDICE DE MATERIAS.